明法高等学

JN076878

〈 収 録 内 容 〉

2024 年度 ……………………… 一般第1回 （数・英・国）
※国語の大問一の一部は、問題に使用された作品の著作権者が二次使用の許可を出して
いないため、問題を掲載しておりません。

2023 年度 ……………………… 一般第1回 （数・英・国）

2022 年度 ……………………… 一般第1回 （数・英・国）

2021 年度 ……………………… 一般第1回 （数・英・国）

2020 年度 ……………………… 一般第1回 （数・英・国）
※国語の大問二は、問題に使用された作品の著作権者が二次使用の許可を出していない
ため、問題を掲載しておりません。

 ⬇ 便利な DL コンテンツは右の QR コードから

解答用紙　　　　　　　　　　　非対応　リスニング　⇒

※データのダウンロードは 2025 年 3 月末日まで。
※データへのアクセスには、右記のパスワードの入力が必要となります。　⇒　226195

〈 合 格 基 準 点 〉

2024年度	203点／153点
2023年度	187点／143点
2022年度	203点／150点
2021年度	160点
2020年度	143点

※2022 ～ 2024 年度の点数は特別進学／総合進学

本書の特長

実戦力がつく入試過去問題集

- ▶ 問題 .... 実際の入試問題を見やすく再編集。
- ▶ 解答用紙 ...... 実戦対応仕様で収録。
- ▶ 解答解説 ...... 詳しくわかりやすい解説には、難易度の目安がわかる「基本・重要・やや難」
  の分類マークつき（下記参照）。各科末尾には合格へと導く「ワンポイント
  アドバイス」を配置。採点に便利な配点つき。

入試に役立つ分類マーク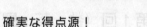

基本 ▶ 確実な得点源！
受験生の 90％以上が正解できるような基礎的、かつ平易な問題。
何度もくり返して学習し、ケアレスミスも防げるようにしておこう。

重要 ▶ 受験生なら何としても正解したい！
入試では典型的な問題で、長年にわたり、多くの学校でよく出題される問題。
各単元の内容理解を深めるのにも役立てよう。

やや難 ▶ これが解ければ合格に近づく！
受験生にとっては、かなり手ごたえのある問題。
合格者の正解率が低い場合もあるので、あきらめずにじっくりと取り組んでみよう。

合格への対策、実力錬成のための内容が充実

- ▶ 各科目の出題傾向の分析、合否を分けた問題の確認で、入試対策を強化！
- ▶ その他、学校紹介、過去問の効果的な使い方など、学習意欲を高める要素が満載！

**解答用紙
ダウンロード** ｜ 解答用紙はプリントアウトしてご利用いただけます。弊社ＨＰの商品詳細ページよりダウンロード
してください。トビラのＱＲコードからアクセス可。

UD FONT ｜ 見やすく読みまちがえにくいユニバーサルデザインフォントを採用しています。

明法高等学校

大学現役合格率95%以上
少人数教育に充実の環境

普通科
生徒数　601名
〒189-0024
東京都東村山市富士見町2-4-12
☎042-393-5611
西武新宿線久米川駅南口　バス7分
西武国分寺線・拝島線小川駅　徒歩18分
JR立川駅北口　バス28分
JR新小平駅より自転車10分

URL	https://www.meiho.ed.jp/

プロフィール 「世界の平和に貢献する」

理想的な学校教育の場を実現して、社会に奉仕するために昭和39年に創設。「世界平和に貢献できる人間の育成」を建学の精神に、少人数教育を実践してきた。男子校から共学校となり6年目を迎え、グローバル化の進展の中で求められる、「男女を問わず人間としての尊厳を認め合い、考え方や価値観の違いを乗り越えて協力し、互いを思いやれる人間に育てていく」教育を実践している。

環境 "広い" "充実" が自慢の施設

キャンパスは東京ドームの1.2倍。FIFA公認の広さのサッカーコートや両翼95m以上の野球場も確保できる第1グラウンド、全面人工芝の第2グラウンド、4面ある人工芝テニスコート、大小2つの体育館、理科専門棟、1000人収容の大講堂と充実の施設。学習と両立して"青春できる"環境が整っている。本校舎には、卒業生チューターが放課後常駐し、19時30分まで開室している「学習道場」（自習室）も完備。部・同好会活動終了後も学習が可能。

2019年4月より男女共学

カリキュラム 充実の進路指導体制がある

2年次より「国公立大コース」「私大コース」の2コースに分け、大学現役合格を目指した効率的なカリキュラムを組んでいる。それに加えて、長期休業中の講習も充実しており、進路アドバイザーも配置した充実の進路指導体制と併せて大学現役合格に向けた環境が整っている。

国際化 「世界に挑む日本人」を育成

10年以上の伝統がある「グローバル・スタディーズ・プログラム」は約3ヶ月のカナダ留学を中心にした国際教育プログラム。参加生徒の中からは英検1級や準1級の合格者が出ており、海外名門国立大学に進学した生徒も出ている。さらに、希望すれば誰でも参加できるシアトルへの海外研修を新たに設置。「チャレンジ」「笑顔」「感謝」をキーワードに、「世界に挑む日本人」としてのマインドやスキルを身につけさせている。

学校生活 「強化指定部優遇制度」で部活動が盛り上がる！

「少人数で皆が主役」「文武両道」が明法の部・同好会活動。16の部と18の同好会が広いキャンパスの中で熱心に活動している。連続でインターハイ出場を果たしているソフトテニス部の他、硬式野球部・サッカー部という、文武両道の先頭に立つ3つの強化指定部がある。3つの部には、中学時代の部活動での頑張りが入試に活かせる「強化指定部優遇制度」があり、部・同好会活動の盛り上がりを牽

国際教育GSPのカナダ留学

引している。

[部活]
サッカー・硬式野球・ソフトテニス・バドミントン・バスケットボール・バレーボール・陸上競技・卓球・水泳・棒術・空手・剣道・アウトドア山岳・科学・吹奏楽・ハンドボール

[同好会]
ダンス・柔道・アメリカンフットボール・ハンドボール・軽音楽・囲碁将棋・美術・模型ジオラマ・生物・ESS・旅行写真・演劇・チアダンス・ハンドボール・文芸・競技かるた・家庭科・アニメ研究

進路 大学現役合格率が95%以上

2024年春は、大学現役合格率が95%を超えた。過去3年では、東京工業・東北・筑波・千葉・東京都立などの国公立大の他、難関私大にも多く合格している。指定校推薦の枠も豊富にあり、進路アドバイザーがきめ細かい進路指導をしている。

2024年度入試要項

試験日　1/22（推薦）　2/10（一般第1回）
　　　　2/11（一般第2回）

試験科目　推薦：適性〈国・数・英〉＋面接
　　　　　一般：国・数・英＋面接

2024年度	募集定員	受験者数	合格者数	競争率
推薦A/B	約75	85/15	85/14	1.0/1.1
GSP推薦A/B	15	13/3	13/3	1.0/1.0
一般1回/2回	約75	208/114	167/84	1.2/1.4
GSP1回/2回	15	26/32	17/21	1.5/1.5

過去問の効果的な使い方

① **はじめに** 入学試験対策に的を絞った学習をする場合に効果的に活用したいのが「過去問」です。なぜならば，志望校別の出題傾向や出題構成，出題数などを知ることによって学習計画が立てやすくなるからです。入学試験に合格するという目的を達成するためには，各教科ともに「何を」「いつまでに」やるかを決めて計画的に学習することが必要です。目標を定めて効率よく学習を進めるために過去問を大いに活用してください。また，塾に通われていたり，家庭教師のもとで学習されていたりする場合は，それぞれのカリキュラムによって，どの段階で，どのように過去問を活用するのかが異なるので，その先生方の指示にしたがって「過去問」を活用してください。

② **目的** 過去問学習の目的は，言うまでもなく，志望校に合格することです。どのような分野の問題が出題されているか，どのレベルか，出題の数は多めか，といった概要をまず把握し，それを基に学習計画を立ててください。また，近年の出題傾向を把握することによって，入学試験に対する自分なりの感触をつかむこともできます。

　過去問に取り組むことで，実際の試験をイメージすることもできます。制限時間内にどの程度までできるか，今の段階でどのくらいの得点を得られるかということも確かめられます。それによって必要な学習量も見えてきますし，過去問に取り組む体験は試験当日の緊張を和らげることにも役立つでしょう。

③ **開始時期** 過去問への取り組みは，全分野の学習に目安のつく時期，つまり，9月以降に始めるのが一般的です。しかし，全体的な傾向をつかみたい場合や，学習進度が早くて，夏前におおよその学習を終えている場合には，7月，8月頃から始めてもかまいません。もちろん，受験間際に模擬テストのつもりでやってみるのもよいでしょう。ただ，どの時期に行うにせよ，取り組むときには，集中的に徹底して取り組むようにしましょう。

④ **活用法** 各年度の入試問題を全問マスターしようと思う必要はありません。できる限り多くの問題にあたって自信をつけることは必要ですが，重要なのは，志望校に合格するためには，どの問題が解けなければいけないのかを知ることです。問題を制限時間内にやってみる。解答で答え合わせをしてみる。間違えたりできなかったりしたところについては，解説をじっくり読んでみる。そうすることによって，本校の入試問題に取り組むことが今の自分にとって適当かどうかが，はっきりします。出題傾向を研究し，合否のポイントとなる重要な部分を見極めて，入学試験に必要な力を効率よく身につけてください。

数学

　各都道府県の公立高校の入学試験問題は，中学数学のすべての分野から幅広く出題されます。内容的にも，基本的・典型的なものから思考力・応用力を必要とするものまでバランスよく構成されています。私立・国立高校では，中学数学のすべての分野から出題されることには変わりはありませんが，出題形式，難易度などに差があり，また，年度によっての出題分野の偏りもあります。公立高校を含

め，ほとんどの学校で，前半は広い範囲からの基本的な小問群，後半はあるテーマに沿っての数問の小問を集めた大問という形での出題となっています。

　まずは，単年度の問題を制限時間内にやってみてください。その後で，解答の答え合わせ，解説での研究に時間をかけて取り組んでください。前半の小問群，後半の大問の一部を合わせて50％以上の正解が得られそうなら多年度のものにも順次挑戦してみるとよいでしょう。

英語

　英語の志望校対策としては，まず志望校の出題形式をしっかり把握しておくことが重要です。英語の問題は，大きく分けて，リスニング，発音・アクセント，文法，読解，英作文の5種類に分けられます。リスニング問題の有無(出題されるならば，どのような形式で出題されるか)，発音・アクセント問題の形式，文法問題の形式(語句補充，語句整序，正誤問題など)，英作文の有無(出題されるならば，和文英訳か，条件作文か，自由作文か) など，細かく具体的につかみましょう。読解問題では，物語文，エッセイ，論理的な文章，会話文などのジャンルのほかに，文章の長さも知っておきましょう。また，読解問題でも，文法を問う問題が多いか，内容を問う問題が多く出題されるか，といった傾向をおさえておくことも重要です。志望校で出題される問題の形式に慣れておけば，本番ですんなり問題に対応することができますし，読解問題で出題される文章の内容や量をつかんでおけば，読解問題対策の勉強として，どのような読解問題を多くこなせばよいかの指針になります。

　最後に，英語の入試問題では，なんと言っても読解問題でどれだけ得点できるかが最大のポイントとなります。初めて見る長い文章をすらすらと読み解くのはたいへんなことですが，そのような力を身につけるには，リスニングも含めて，総合的に英語に慣れていくことが必要です。「急がば回れ」ということわざの通り，志望校対策を進める一方で，英語という言語の基本的な学習を地道に続けることも忘れないでください。

国語

　国語は，出題文の種類，解答形式をまず確認しましょう。論理的な文章と文学的な文章のどちらが中心となっているか，あるいは，どちらも同じ比重で出題されているか，韻文(和歌・短歌・俳句・詩・漢詩)は出題されているか，独立問題として古文の出題はあるか，といった，文章の種類を確認し，学習の方向性を決めましょう。また，解答形式は，記号選択のみか，記述解答はどの程度あるか，記述は書き抜き程度か，要約や説明はあるか，といった点を確認し，記述力重視の傾向にある場合は，文章力に磨きをかけることを意識するとよいでしょう。さらに，知識問題はどの程度出題されているか，語句(ことわざ・慣用句など)，文法，文学史など，特に出題頻度の高い分野はないか，といったことを確認しましょう。出題頻度の高い分野については，集中的に学習することが必要です。読解問題の出題傾向については，脱語補充問題が多い，書き抜きで解答する言い換えの問題が多い，自分の言葉で説明する問題が多い，選択肢がよく練られている，といった傾向を把握したうえで，これらを意識して取り組むと解答力を高めることができます。「漢字」「語句・文法」「文学史」「現代文の読解問題」「古文」「韻文」と，出題ジャンルを分類して取り組むとよいでしょう。毎年出題されているジャンルがあるとわかった場合は，必ず正解できる力をつけられるよう意識して取り組み，得点力を高めましょう。

数学

|出|題|傾|向|の|分|析|と|
‖‖‖‖‖‖ 合 格 へ の 対 策 ‖‖‖‖‖‖

●出題傾向と内容

　本年度の出題数は大問5題で小問数にすると23題と例年並みの出題数であった。

　出題内容は【1】が文字式の計算，2次方程式，因数分解や平方根の計算，確率，角度の小問群，【2】が連立方程式を使う速さの文章題。【3】が相似を使って辺の比や面積の比を考える平面図形の問題，【4】が三平方の定理を用いる空間図形の問題，【5】が図形と関数・グラフの融合問題だった。【3】以降の大問はいくつかの小問に分かれ，誘導形式になっている。公式を使うだけの基本的なレベルの問題から，深く考えさせられる問題まで，いろいろなレベルの出題がされている。

✔ 学習のポイント

過去問を研究して，出題範囲や出題形式を知ることが役立つ。表面的な学習でなく，しっかりと問題に取り組む学習が大切。

●2025年度の予想と対策

　来年度も，小問数にして20〜25題程度が出題されるものと思われる。ここ数年，出題分野もほぼ固定されているので，まずは頻出単元の力をつけ，そこから学習の幅を広げていくのがよい。そうすることによって，誘導形式の大問に慣れ，出題者の意図する流れにのって問題が解けるようになる。各大問の最後には難易度の高い問題が用意されているので，試験当日は，難問を解き残したまま，次の問題に進む勇気も必要になる。そのため，入試が近づいた時期には，制限時間を設けて大問を仕上げるような演習形式の学習も必要である。

▼年度別出題内容分類表 ‥‥‥‥

出題内容		2020年	2021年	2022年	2023年	2024年
数と式	数 の 性 質					
	数・式の計算	○	○	○	○	○
	因 数 分 解	○	○	○	○	○
	平 方 根	○	○	○	○	○
方程式・不等式	一 次 方 程 式	○	○			
	二 次 方 程 式	○	○	○	○	○
	不 等 式					
	方程式・不等式の応用	○	○	○	○	○
関数	一 次 関 数	○	○	○	○	○
	二乗に比例する関数	○	○	○	○	○
	比 例 関 数					
	関数とグラフ	○	○	○	○	○
	グラフの作成					
図形	平面図形 角 度	○		○	○	○
	合同・相似	○	○		○	
	三平方の定理					
	円 の 性 質	○				
	空間図形 合同・相似	○				
	三平方の定理	○	○	○	○	○
	切 断					
	計量 長 さ	○	○	○	○	○
	面 積	○	○	○	○	○
	体 積	○	○		○	
	証 明					
	作 図					
	動 点					
統計	場 合 の 数					
	確 率	○	○	○	○	○
	統計・標本調査					
融合問題	図形と関数・グラフ	○	○	○	○	○
	図 形 と 確 率					
	関数・グラフと確率					
	そ の 他					
そ の 他						

明法高等学校

英語

出題傾向の分析と 合格への対策

●出題傾向と内容

本年度は，リスニング問題，長文読解問題2題，英作文問題，発音問題，語句補完問題，書き換え問題の計5題が出題された。

長文問題はやや長い文章が用いられているが，設問は平易なものが多い。中学内容を超えるものはなく，標準的である。

英作文問題はややレベルが高く，確実な英語力を要求している。

文法問題では重要な単元を選んで出題されており，標準的なものと言える。

全体にやや難しいテストと言えるが，中学校での英語学習をきちんと身につけている者であれば，高得点を期待できるであろう。

✔ 学習のポイント

得点のカギを握るのは長文問題なので，やや長めの英文をたくさん読もう。

●2025年度の予想と対策

来年度も，例年通りリスニング問題，長文読解問題，英作文問題，文法問題が出題されると思われる。

リスニングも練習しておこう。

長文問題対策として，同じ量の長文をよく読むようにしておこう。

英作文問題対策として，様々な条件に応じた英文を複数書いてみよう。

文法問題対策として，書き換え問題と並べ替え問題の練習もしておこう。

いずれの問題についても単語・熟語や文法の徹底的な復習をしておきたい。

▼年度別出題内容分類表……

	出 題 内 容	2020年	2021年	2022年	2023年	2024年
話し方・聞き方	単 語 の 発 音			○	○	○
	ア ク セ ン ト					
	くぎり・強勢・抑揚					
	聞き取り・書き取り	○	○	○	○	○
語い	単語・熟語・慣用句					
	同 意 語・反 意 語					
	同 音 異 義 語					
読解	英文和訳(記述・選択)	○	○	○	○	○
	内 容 吟 味	○		○		
	要 旨 把 握					
	語 句 解 釈	○				
	語 句 補 充・選 択	○		○		
	段 落・文 整 序					○
	指 示 語		○			
	会 話 文	○				○
文法・作文	和 文 英 訳					
	語 句 補 充・選 択	○	○			
	語 句 整 序	○	○	○	○	○
	正 誤 問 題			○		
	言い換え・書き換え			○	○	○
	英 問 英 答					
	自由・条件英作文	○	○	○	○	○
文法事項	間 接 疑 問 文			○	○	
	進 行 形					
	助 動 詞					
	付 加 疑 問 文					
	感 嘆 文					
	不 定 詞			○	○	○
	分 詞・動 名 詞					○
	比 較		○			
	受 動 態			○	○	
	現 在 完 了			○	○	○
	前 置 詞			○	○	○
	接 続 詞	○		○	○	
	関 係 代 名 詞	○	○	○	○	○

明法高等学校

国語

出題傾向の分析と
合格への対策

●出題傾向と内容

　本年度の読解問題は，論説文と小説，古文からの出題であった。

　論説文は，文脈把握を中心にして，筆者の主張を的確に読み取る力，それを簡潔にまとめる力が試される内容であった。小説は，場面や心情，登場人物の関係を問う問題が中心であった。短い時間内で，読み取るべきポイントを的確にとらえることが必要である。論説文・小説ともに，漢字の読み書きの問題と，語句の意味や文法などの言語事項の問題が出題されている。

　古文は，動作主のほか，現代語訳や係り結びの知識，文章の要旨を問う問題であった。解答形式は，記述式と記号選択式が併用されている。

✔ 学習のポイント

漢字の問題数が比較的多く，中学校の漢字が書き問題でも出される。読解問題とともに，確実に得点できるようにしたい。

●2025年度の予想と対策

　今後も，本年度のような読解問題の大問3題の構成が続くのではないかと思われる。

　論説文の読解問題では，語句の意味ととらえた上で，文脈を追い，筆者の主張を読み取ることが必要。長めのコラムやいろいろな文章に触れ，話題に関する予備知識をつけておきたい。

　論説文，小説ともに，長い文章を限られた時間内で解く練習を重ねておく必要がある。

　古文は，できるだけ多くの問題にあたって，知識を広げ，読むのに慣れておくことが大切。

　読解問題では解答を記述でまとめる問題も出されるので，文を簡潔にまとめる力もつけておきたい。

▼年度別出題内容分類表 ……

出題内容			2020年	2021年	2022年	2023年	2024年
内容の分類	読解	主題・表題					
		大意・要旨	○	○	○	○	○
		情景・心情	○	○	○	○	○
		内容吟味	○	○	○	○	○
		文脈把握	○	○	○	○	○
		段落・文章構成				○	
		指示語の問題	○				
		接続語の問題			○	○	○
		脱文・脱語補充	○	○		○	○
	漢字・語句	漢字の読み書き	○	○	○	○	○
		筆順・画数・部首					
		語句の意味			○		○
		同義語・対義語	○			○	
		熟語					○
		ことわざ・慣用句			○	○	
	表現	短文作成					
		作文(自由・課題)					
		その他					
	文法	文と文節			○	○	
		品詞・用法			○		
		仮名遣い	○	○	○	○	○
		敬語・その他					
	古文の口語訳		○	○	○	○	○
	表現技法						
	文学史						
問題文の種類	散文	論説文・説明文	○	○	○	○	○
		記録文・報告文					
		小説・物語・伝記	○	○	○	○	○
		随筆・紀行・日記					
	韻文	詩					
		和歌(短歌)					
		俳句・川柳					
	古文		○	○	○	○	○
	漢文・漢詩						

明法高等学校

2024年度 合否の鍵はこの問題だ!!

🔑 数学 【3】(3)，【4】，【5】

【1】 基本計算を主とする小問群である。素早く処理したいところだが，(4)で戸惑うかもしれない。全体の配点の25％を占めるため確実に得点したい。

【2】 速さに関する連立方程式の文章題である。線分図などで問題の設定を整理しながら立式するとよいだろう。

【3】 複雑な図形であるため，図形への線分比の書き込みは，雑にならないように見やすくなるようにしたい。(3)の連比の求め方を練習しておこう。

【4】 体積を2通りで表して立式することは頻出なので，素早く計算出来るようにしよう。また，断面図を考察する解法にも慣れておこう。

【5】 (1)～(4)をしっかり得点したい。(5)は，等積変形の考え方を理解しよう。

🔑 英語 【2】

【2】の長文問題はこのテストで一番長い英文を用いたもので，設問数も一番多く，よって最も多い配点になっている。従って，この問題がどれだけ解けたかが合否に大きな影響を与えると言える。この文章はごく標準的なレベルの英語で書かれたものであり，語句をみても特に難解なものは使われていない。中学校で学んだ語句や文法知識で十分読み取れるものなので，日頃から長文を読む練習を重ねることによって，高得点をねらうことができる。

設問を見ると長文の内容を確認するものが並んでいる。全体的な流れはもちろん，細かな部分の内容をきちんと読み取れているかを確かめようとする意図で作られていることがわかる。

このような問題を解くには，まず自分の語彙力を高めておく必要がある。教科書の巻末にある単語一覧を用いて日々努力することによって，語彙を増やしておきたい。また，文法領域でよくわかっていない部分があると正しく読み取ることができなくなる。よって，理解が不十分だと思われる部分があったら積極的に学習するようにしたい。

国語 【二】問三

★なぜこの問題が合否を分けるのか

　本問は，文章の中で脱文を補充する問題である。一文だけをどの場所に入れるか，という設問はよく見かけるが，選択肢が複数あって，いくつかの場所に適当な内容を入れなければならない問となっている。選択肢一つ一つをしっかりと読み，また文章の前後の内容もしっかりと理解しながら，適当なものを選ばなければならない。

★こう答えると合格できない

　入れる場所は［　Ⅰ　］～［　Ⅳ　］まであり，つい［　Ⅰ　］にあてはまるものから探そうと考えがちである。しかしこのような問題の場合は，あてはめ易い所からどんどん入れていく方が良い。そうする事によって，文の前後の関係性が理解しやすくなり，根拠を持って適宜，選択肢を選ぶ事ができるからである。よって，順番通りに入れず，自信のあるものから選んで解答しよう。

★これで合格！

　場面としては，杉山の料理教室に参加する泰平が亡き妻のことを思い出し，杉山に問いかけている。妻のレシピ帳の中に，自分が椎茸だったことがある，という記載のあったことを杉山に問いかけたところ，「人は誰でもそうです」「料理とはそういうものです」と肯定的に捉えられた。また，料理人は料理されるもののことを考えるものであるということを泰平に話している会話の流れとなっている。よって，「私はいまたとえば」から始まる発言者は杉山である。ここまでの登場人物は杉山と泰平の二人しかおらず，対話形式で文章が展開されていることから，「」の発言は交互に繰り返されていることが分かる。つまり，会話の流れとしては，Ⅰ杉山，Ⅱ泰平，Ⅲ杉山，Ⅳ泰平の発言となる。

　「殻を通して記憶が？」という泰平の言葉を受けて，杉山が発言するので，急にジュンサイの話になったり，薄焼き卵を切らないと，と話題転換をするには齟齬が生じる。結果，大山の鶏であった時の話をする内容がⅠに入る。その言葉を受けた泰平が，同じようにジュンサイの話をしたり，薄焼き卵を切らないと，と話を断ち切るのは会話の流れとして考えられないので，あまりに突拍子もない言葉だったことから，「え？」と聞き返す言葉をⅡに入れるのが適当。残るのはイ「さあ，薄焼き卵を切らないと」，ウ「ジュンサイだったとき？」，エ「そうした意味で，私にとりましてもっとも美しい思い出はやはり，ジュンサイだったときの記憶ですね」だが，イの内容はウ，エの内容とは異なり，どちらと合わせても会話の流れとしてそぐわない。つまり，Ⅲ・Ⅳのどちらに入れても整合性がとれないのでイは除外となる。また「杉山女史は目を細め，遠い昔を思い出すように顎を上げた。それから一瞬盛りつけの手を止めて，清水と陽の光を潤沢に浴びながら，日がな一日ふるふる揺れていた，芽を出したばかりのジュンサイだったころのことを語り始めた」と，ジュンサイだった時のことを話しているのは杉山なので，Ⅲにエを，Ⅳにウを入れる。

2024年度

★★★★★★★★★★★★★★★★★★★★

入 試 問 題

2024年度

明法高等学校入試問題

【数　学】（50分）　＜満点：100点＞

【1】　次の間に答えよ。

(1)　$\dfrac{16}{15}x^3y^2 \times \left(-\dfrac{1}{2}xy\right)^3 \div \left(\dfrac{3}{5}x^2y^3\right)$　を計算せよ。

(2)　$\dfrac{3x-5y}{15} - \dfrac{2y-3x}{30}$　を計算せよ。

(3)　$2(x-1)(x+1) = (x+2)(x+3)$　を解け。

(4)　$6ax + 3by - 6ay - 3bx$　を因数分解せよ。

(5)　$\dfrac{\sqrt{12}-3\sqrt{2}}{\sqrt{6}} - 4 \div \sqrt{8}$　を計算せよ。

(6)　大小2つのさいころを同時に投げるとき，出た目の和が6の約数になる確率を求めよ。

(7)　下の図の円Oにおいて，$\angle x$ の大きさを求めよ。

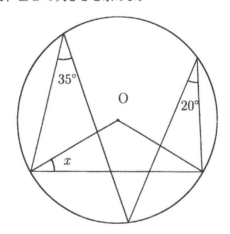

【2】　A地点とB地点は x m離れており，AとBのちょうど中間の地点より y mだけBに近いところにC地点がある。太郎はAを，花子はBをそれぞれ出発した。

　　太郎はAを出発して分速120mでBに向かった。Cで花子とすれ違い，そこからさらに170m進んだ地点で進む向きを変えてAまで同じ速さで戻った。

　　花子は太郎がAから20m進んだときにBを出発して分速60mでAに向かった。Cで太郎とすれ違い，太郎より7分遅れてAに到着した。

　　次の間に答えよ。

(1)　x，y についての連立方程式をつくれ。

(2)　x，y の値を求めよ。

【3】 下の図のように，△ABCの辺AB上のAD：DB＝1：2となる点をDとし，点Dを通り辺BCと平行な直線と辺ACの交点をEとする。また，点Eを通り辺ABと平行な直線と辺BCの交点をFとし，辺BC上のBG：GC＝5：4となる点をGとする。DGとBE，FEの交点をそれぞれP，Qとするとき，次の問に答えよ。

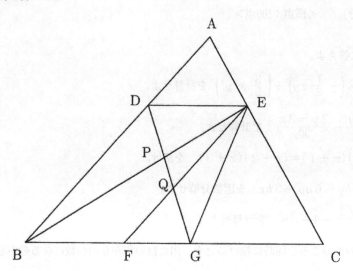

⑴ DE：BGを求めよ。

⑵ DQ：QGを求めよ。

⑶ DP：PQ：QGを求めよ。

⑷ △ABCの面積を360とするとき，四角形PBFQの面積を求めよ。

【4】 下の図のように，一辺の長さが6の立方体がある。辺AB上にAI：IB＝2：1となる点Iをとり，辺BCと辺BF上にそれぞれBI＝BJ＝BKとなる点J，Kをとる。

三角錐B－IJKと合同な2つの三角錐D－LMNとG－OPQを図のようにとるとき，あとの問に答えよ。

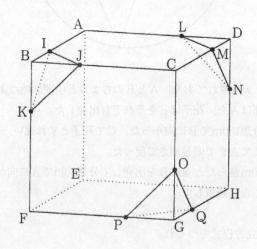

⑴ JMの長さを求めよ。

⑵　△JMOの面積を求めよ。

⑶　点Cから△JMOに下ろした垂線の長さを求めよ。

⑷　CEと△JMOの交点をSとする。CS：SEを求めよ。

⑸　CEと面IKPQNLの交点をTとする。STの長さを求めよ。

【5】　下の図のように，2つの放物線①：$y = x^2$，②：$y = ax^2$（$a > 0$）があり，傾きが$-\dfrac{3}{4}$である直線 ℓ と①との交点の1つをA，②との交点をB，Cとする。

　　点D，Eは x 軸上にあり，AD，CEはそれぞれ y 軸に平行である。また，点Fは ℓ と x 軸との交点である。

　　点Pは①上の ℓ より上の部分を動き，PDと ℓ の交点をQとする。

　　点A，Bの x 座標をそれぞれ-2，2とするとき，次の問に答えよ。

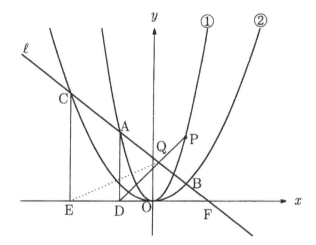

⑴　直線 ℓ の式を求めよ。

⑵　a の値を求めよ。

⑶　点Cの座標を求めよ。

⑷　点Pの x 座標が2のとき，点Qの x 座標を求めよ。

⑸　△QEFと△ADFの面積が等しくなるときの点Pの x 座標を求めよ。

【英　語】（50分）　＜満点：100点＞

【1】　次のリスニング問題（第1部，第2部）に取り組みなさい。

［第1部］

次に放送される2人の人物による会話を聴いて，それに関する質問の答えとして最も適切なものを，選択肢(a)～(d)のうちから1つずつ選び，記号で答えなさい。会話と質問は<u>1回だけ</u>読まれます。

問1　**What subject does the woman like?**
(a) English.　(b) Math.　(c) Math and science.　(d) Science.

問2　**What does the man do in his free time?**
(a) Goes to guitar class.　(b) Paints with his friend.
(c) Plays rock music.　(d) Relaxes at home.

問3　**What do you learn from the conversation?**
(a) The man may join the drama club.
(b) The man wants to be on a quiz show in the future.
(c) The woman is a member of the Quiz-Study club.
(d) The woman thinks the drama club is boring.

問4　**What is NOT true about the conversation?**
(a) The field trip has visits to the zoo and a few museums in the park.
(b) The man is excited about the field trip.
(c) The man is interested in learning about animals at the museum.
(d) The woman can enjoy looking at panda drawings in the museum.

［第2部］

次に放送される英文を聴いて，それに関する質問の答えとして最も適切なものを，選択肢(a)～(d)のうちから1つずつ選び，記号で答えなさい。英文と質問は2回読まれます。

問1　**According to the speaker, who enjoys creating music?**
(a) Little kids.　(b) Musicians.
(c) Music studio workers.　(d) Music teachers.

問2　**What is the main idea of the passage?**
(a) Little kids enjoy listening to music.
(b) Music studios give great jobs to musicians.
(c) Music teachers give lessons to musicians.
(d) Musicians work hard to create music.

【2】　次の文章を読み，問いに答えなさい。

　Imagine telling Einstein to stop studying physics. Imagine telling Picasso to stop painting. Could they stop doing the things they loved? This is something people tried to do to Sophie Germain.

　Sophie's love was mathematics. She fell in love with it when she was only 13 years old. She found in her father's library a book about *Archimedes and his love of *geometry. Then she read all the books about math she could find and decided to become a mathematician.

There were two problems. First, Sophie was born in eighteenth-century France. Second, Sophie was a girl from a *middle-ctass family. It was very unusual for girls from the middle class to study math in the early eighteenth century in France.

Sophie's parents wanted her to be like other girls. When she studied math, they tried to stop her. Sophie didn't want to stop. (1)

Finally, her parents decided to let Sophie study. It was too hard to stop her!

When Sophie was 18 years old, a school for mathematicians opened in Paris. Sophie couldn't take classes there because it was for men only. However, she didn't let this *discrimination against women stop her. She started writing letters to math professors at the school She asked them questions, and she wrote about her ideas. However, she didn't sign her own name on the letters. She used a man's name, *Monsieur LeBlanc*, a student at the school at one time. (2)This idea worked, and the professors responded to her letters. After a while, one professor asked to meet the *brilliant Monsieur LeBlanc. Imagine his surprise! Monsieur LeBlanc was a (3). The professor didn't tell anyone. He kept Sophie's secret.

Sophie continued to write to other mathematicians. She always signed her letters *Monsieur LeBlanc*. She met some of these experts, but they usually stopped (4a) her after a short time. Was it because she was a woman? No one is sure. However, we do know one thing: There was strong *prejudice against *educated women in (5)Sophie's time. This created a difficult challenge, but it didn't stop her.

Sophie continued to study. (6)She taught herself other kinds of math, such as *algebra and *calculus. She is famous for her excellent work on *Fermat's Last Theorem, a difficult math problem that was a challenge for many other mathematicians.

Sophie is also famous for her studies of *metal as a building material. Years later, engineers (4b) her ideas to build *skyscrapers, such as the *Eiffel Tower in Paris, Sophie's hometown.

Today, on the base of the Eiffel Tower, there are 72 names of brilliant French scientists and mathematicians. These people all made great *contributions to the world. However, there's one important name that's missing: (7)_____.

(注) Archimedes アルキメデス（古代ギリシャの数学者，物理学者） geometry 幾何（学）
      middle-class 中流階級の discrimination 差別 brilliant 優れた prejudice 偏見
      educated 教育のある algebra 代数（学） calculus 微積分（学）
      Fermat's Last Theorem フェルマーの最終定理（フランスの数学者フェルマーが残したもの）

metal 金属　skyscraper 超高層ビル　Eiffel Tower エッフェル塔（パリにある鉄塔）
contribution 貢献

(A) 空所(1)に次の英文を補うとしたら，どの順番にするのがよいか。記号で答えなさい。

ア　She studied secretly at night, by candlelight, when her parents slept.

イ　Sophie's parents found out, and they took away her candles.

ウ　That didn't stop Sophie. She found more candles.

(B) 下線部(2)を This idea の内容を明らかにして和訳しなさい。

(C) 空所(3)に入る語を次の段落から探し答えなさい。

(D) 空所 (4a)，(4b) に入る語を次の中から選び，必要に応じて形をかえて答えなさい。

give　　help　　speak　　use

(E) 下線部(5)を和訳しなさい。なお，Sophie は「ソフィー」と表記すること。

(F) 下線部(6)の言いかえとして最も適切なものを1つ選び，記号で答えなさい。

ア　She became a math teacher and taught other women.

イ　She learned different types of math alone.

ウ　She was taught other kinds of math by her professors.

エ　She went to school and studied math with other kinds of people.

(G) 空所(7)に入る最も適切な英語を答えなさい。

(H) 本文の内容に合致するものを1つ選び，記号で答えなさい。

ア　Clearly, some experts did not continue to help Sophie as she was a woman.

イ　Middle-class women usually studied home economics in the 18th century.

ウ　Sophie's parents liked Sophie to get along well with other girls at school.

エ　Sophie was able to solve a math problem that was not easy for other experts.

【3】　次の文章を読み，問いに答えなさい。

A long time ago, in a small house in Scottland, two friends lived together. Their names were John and Bobby.

John and Bobby were not (1a), but they were (1b). They had a warm fire when it was cold outside. They had good food to eat when they were (1c). They were never (1d) because they had each other.

John and Bobby liked to take long walks together. After their walk, John usually cooked dinner. John and Bobby ate dinner and then sat in front of the fire. They had a simple but good life.

Then, in the spring of 1858, John got sick and died. He was *buried in a *cemetery in Edinburgh, Scotland. After John was buried, Bobby stood at John's *grave and cried. "Come on, Bobby," friends said. "(2)" Bobby went home, but later he returned to the cemetery. He sat down near John's grave. He stayed there all night.

Bobby stayed at the cemetery the next day, and the next. For the next 14 years, Bobby (3) left the cemetery. When the weather was cold or rainy, he slept in a small house at the cemetery.　When the weather was warm, he slept on the ground near John's grave.

　　Finally, in 1872, (　4a　)→(　4b　)→(　4c　)→(　4d　)

　(注)　buried　bury（～を埋葬する）の過去分詞形　　cemetery　共同墓地　　grave　墓

(A)　空所（1a）～（1d）に入る語の組み合わせとして最も適切なものを1つ選び，記号で答えなさい。

　ア　(1a) happy　(1b) rich　　(1c) hungry　(1d) lonely
　イ　(1a) happy　(1b) rich　　(1c) lonely　(1d) hungry
　ウ　(1a) rich　 (1b) happy　 (1c) hungry　(1d) lonely
　エ　(1a) rich　 (1b) happy　 (1c) lonely　(1d) hungry

(B)　空所（2）に入る文として最も適切なものを1つ選び，記号で答えなさい。

　ア　It's time to call your friend.　　イ　It's time to go home.
　ウ　It's time to meet your friend.　　エ　It's time to read a book.

(C)　空所（3）に入る語として最も適切なものを1つ選び，記号で答えなさい。

　ア　already　　イ　ever　　ウ　had　　エ　never

(D)　文の意味が通るように，空所 (4a)～(4d) に入れるのに最も適切なものをそれぞれ選び，記号で答えなさい。ただし，同じ記号を2回以上用いないこと。

　ア　Bobby died, too.
　イ　Bobby, John's best friend, was a dog.
　ウ　Friends buried him in a little grave near John.
　エ　Why was Bobby's grave little?

【4】　空所の下に与えられた単語を用い，英文を完成させなさい。

＜条件＞

(ⅰ)　与えられた単語の形を変えてもよい（例：watch → watched）。必要があれば，前置詞や代名詞などの単語を加えてもよい（例：by watching, by my watching など）。

(ⅱ)　与えられた語を使う順番を変えてはならない。

(ⅲ)　与えられた語を含め，4～6語で表現する（短縮形は1語と数える）。

(例)

　A：You look happy. Anything new?

　B：My family are going to Disneyland tomorrow.　We are _____
　　　　　　　　　　　　　　　　　　　　　　　　　　　　　　(look forward to)

_____.

　　　答え：looking forward to it

問1　[近く帰国予定の外国人の友人に対し，Aが話しかけます]

　A：Have you got everything you wanted in Japan yet?

　B：Almost everything.　I still need *souvenirs for my family.　Any ideas?

A：The matcha cookies ＿＿＿＿＿＿＿＿＿＿＿＿ in front of the station are

(sell / at the shop)

delicious.

B：Oh, my family back home love anything matcha. Thanks for the information!

(注) souvenir お土産

問2　[母親にAが正月の帰省について尋ねます]

A：Any plans for the New Year holidays?

B：You have a winter seminar at the *cram school till December 30th, right?

＿＿＿＿＿＿＿＿＿＿＿＿＿＿＿ you can come home on that day?

(when / think)

A：I'll be home by 6 p.m.

B：Then let's leave for your grandmother's house in Yokohama at 7 p.m.

(注) cram school 塾

問3　[豪州に帰国したグリーン先生から連絡があったAが友人と話しています]

A：I got a message from Ms. Green, who went back to Australia last week.

B：How nice! What does she say?

A：She says she really enjoyed being a teacher in Japan.　Teaching ＿＿＿＿＿＿

＿＿＿＿＿＿＿＿＿＿ happy every day.

(us English / make)

B：That's lovely.　Have you already texted her back?

問4　[帰宅時にかなり雪が降っている状況でAが友人と話しています]

A：Oh great, it's snowing a lot!　Let's walk home, then!

B：Walk?　I ＿＿＿＿＿＿＿＿＿＿＿＿＿＿ because of our shoes.　We could slip

(not / think / a good idea)

and fall.

A：Don't worry.　Look, people in this neighborhood have cleared the snow off the *sidewalks.

B：You can walk if you like, but I will take the bus!

(注) sidewalk 歩道

【5】　あとの設問A～Dに答えなさい。

設問A

下線部の発音が，(i)3つとも同じ場合は○，(ii)3つとも異なる場合は×，(iii)他の2つと異なる場合はその単語を答えなさい。

(1)　cancer　　　design　　　expensive

(2)　great　　　ready　　　reason

(3)　helped　　　stopped　　　walked

設問B

空所に入る最も適切な語（句）を1つ選び，記号で答えなさい。

(1) A : If I (　　　) his address, I would write a letter.

　　B : He said he moved.　I don't know his address, either.

　　ア　have known　　イ　knew　　ウ　know　　エ　knowing

(2) A : How about tins one?

　　B : I don't like this color.　Please show me (　　　).

　　ア　another one　　イ　it　　ウ　the one　　エ　this

(3) A : Please come back soon.

　　B : OK.　I'll be back (　　　) twenty minutes.

　　ア　at　　イ　by　　ウ　for　　エ　in

設問C

　　二文がほぼ同じ意味になるよう空所に入る最も適切な語を答えなさい。

(1) Kate doesn't know which bus she should take.

　　Kate has no (　　　) which bus (　　　) take.

(2) Tom is so rich that he can buy the car.

　　Tom is rich (　　　)(　　　) buy the car.

(3) John said to me yesterday, "I'm studying math now."

　　John told me yesterday that (　　　)(　　　) studying math then.

設問D

　　カッコ内の指示にしたがって書きかえなさい。

(1) The book is difficult to read.　My father sent it from Canada.

　　（関係代名詞を使って1文に）

(2) Ayako is called Aya by her friends.

　　（Ayako's friends を主語にしてほぼ同じ意味の文に）

(3) Ken got the shoes two years ago.　He still wears them.

　　（ほぼ同じ意味を表す1文に）

らし寿司をねだった。

ウ　杉山女史がジュンサイだったころ、雪解け後の春になると新芽が
出て体は分裂していった。

エ　泰平は妻のノートを活用して食事を作るなかで、料理についてわ
かってきたことがあった。

【三】　次の古文を読んで、後の問いに答えよ。

　今は昔、信濃の国に法師ありけり。①さる田舎にて法師になりにけれ
ば、まだ受戒もせでいかで京に上りて、東大寺といふ所にて受戒せんと
思ひて、とかくして上りて、受戒してけり。さて、元の国へ帰らんと思
ひけれども、よしなし、②さる無仏世界のやうなる所に帰らじ、③ここに
ゐ④なんと思ふ心つきて、東大寺の仏の御前に候ひて、いづくにか行ひ
してのどやかに住みぬべき所あると、万の所を見まほしけるに、※注未申の
方に当りて山かすかに見ゆ。そこに行ひて住まむと思ひて行きて、山の
中にえもいはず行ひて過すほどに、すずろに小さやかなる厨子仏を行ひ
出したり。※注毘沙門にて⑤ぞおはしましける。

（『宇治拾遺物語』）

※注　受戒……弟子が師匠から修行のための生活規律を頂くこと。
　　　行ひ……仏道の修行をすること。
　　　未申……方角の名称。西南。
　　　毘沙門……毘沙門天。北方を守護する神。

問一　──線①の現代語訳として最適なものを次の中から選び、記号で
答えよ。
ア　猿が出る田舎で法師になったとしたら
イ　ある田舎で法師になったので
ウ　田舎から去って法師になったけれど
エ　田舎で法師になったとしたならば

問二　──線②・③の指すところの組み合わせとして最適なものを次の
中から選び、記号で答えよ。
ア　②東大寺　③信濃の国
イ　②京　③東大寺
ウ　②信濃の国　③京
エ　②元の国　③山の中

問三　──線④を現代仮名遣いに直し、すべてひらがなで答え
よ。

問四　──線⑤で見られる古文特有のきまりのことを何と呼ぶか、答え
よ。

問五　本文の内容に合うものを次の中から一つ選び、記号で答えよ。
ア　法師は仏道の修行をしているうちに、毘沙門天の仏像を手に入れ
た。
イ　法師は仏道の修行をしながらのんびり住むにあたり東大寺を選ん
だ。
ウ　法師は受戒することなく京に上り、その後は信濃で仏道の修行を
した。
エ　法師は東大寺で受戒しようと思って信濃に上り、受戒後は京に
帰った。

孫のイトは、卵をたがも、椎茸をしいたことという癖がまだ直らないが、それでもずいぶん大きくなった。

長いこと食事を作っているうちに、泰平も、料理についてだんだんわかってきたことがあった。

③ いまでは、泰平は自分が椎茸だったころのことを思い出すことができる。

櫟（くぬぎ）の原木の上に静かに座って、通り抜ける風を頬に感じている姿を思い浮かべる。

記憶によれば、一本ではなく、もう一本、寄り添って揺れる椎茸がいる。

（『妻が椎茸だったころ』中島京子）

※注　女史……見識や教養が豊かな女性に対する敬称。ここでは「先生」の意味。

問一　＝＝線A〜Cのカタカナを漢字に直せ。

問二　――線a〜cの漢字の読みをひらがなで書け。

問三　［Ⅰ］〜［Ⅳ］に入る最適な言葉を次の中から選び、それぞれ記号で答えよ。

ア　え？

イ　さあ、薄焼き卵を切らないと

ウ　ジュンサイだったとき？

エ　そうした意味で、私にとりましてもっとも美しい思い出はやはり、ジュンサイだったときの記憶ですね

オ　ええ。私が大山で鶏のおなかにおりましたときの記憶が、甦って（よみがえ）まいりますの

問四　本文からは次の一文が抜けている。入るところとして最適なもの

を《i》〜《iv》の中から選び、記号で答えよ。

問五　【X】・【Y】に漢字を入れて文意に合う四字熟語となるように、次の中から選んでそれぞれ記号で答えよ。

ア　菜　イ　喜　ウ　退　エ　憂
オ　期　カ　進　キ　会　ク　汁

問六　――線①の説明として最適なものを次の中から選び、記号で答えよ。

ア　料理とは、料理をする人がおかしなことを考えることではじめて成立するものであるということ。

イ　料理とは、料理をする人自身が食材であったときのことを思い浮かべるものであるということ。

ウ　料理とは、料理をする人自身が椎茸だったときのことを思い出すものであるということ。

エ　料理とは、料理をする人が死んだ人物の生前の様子について思いをめぐらすものであるということ。

問七　――線②とはどのようなことについてか、答えよ。

問八　――線③とあるが、以前泰平は椎茸に関する妻の記述についてどのように感じていたか、答えよ。

問九　本文の内容に合うものを後の中から一つ選び、記号で答えよ。

ア　娘のサトは離婚してもたくましく子育てに取り組み、泰平を頼ることはなかった。

イ　孫のイトは泰平の全ての料理が好きであり、毎年三月には必ず散

そしてほかにすることもなかったから、台所の A ‖スミ‖ の料理本が並ぶ棚の中から、昨日見つけた妻のレシピ帳によく似たノートを、ほかに二冊見つけ出した。

全部で三冊。驚くほど昔のものは見当たらなかったが、十年ほど前のものは見つかった。もしかしたら、娘が家を出て、二人暮らしになったころから、書き始めたのかもしれない。

そもそもの初めから、ノートはレシピだったり、愚痴だったり、B ‖ジ‖ ‖マン‖ だったりした。食べたことのあるものと、ないものがあったが、むしろ食べたことのないものに興味が湧いた。そこに、泰平の知らない妻がいるような気がしたからだ。生きていた頃に知っておけばよかった妻、でももう知ることのできない妻、妻自身が秘密にしておきたかった妻、それらがゆっくりと立ち上がる気がした。

翌日から泰平は台所に立つようになった。妻がノートに書いていた料理を、片っ端から作ってみることにしたのだ。

旨いものもあり、なんだかぴんと来ないものもあった。そのうち、いまひとつはっきりしない味に、あれこれ調味料を足してみることも覚え、妻のノートに自分でも書き込みをした。だからいまでは、このぼろぼろのノートなしに、何かを作ろうとは思わない。

七年というのは、あっという間であり、かつ、振り返ろうとするとずいぶんいろいろなことが起こっている長さの時間でもある。

杉山登美子（とみこ）料理教室はあいかわらずの隆盛で、テレビや雑誌には常に彼女（かのじょ）の名前が躍っている。

泰平の娘のサトは、あのころ C ‖ヒンパン‖ に自宅マンションに泊まりに来ていた男と結婚して孫のイトを産んだ。そうしておいて、サトは二年前に離婚して、イトと二人で都心のマンションに暮らしている。孫のイトは、今年四歳になる。

小さい子供を抱えて離婚してしまった娘は、さすがに心細いのだろう。あるいは、どうしても人手が必要だったのだろう。泰平はよく呼び出されて、娘と孫の暮らすマンションに出かけていくし、娘たちも意外によく訪ねてくる。妻が生きていれば、妻がしたに違いないいろいろなことを、泰平は孫のためにいくつもやった。料理が作れなかったら、それでもできることはもっと少なかっただろう。

呼び鈴が鳴り、泰平がドアを開けると、イトを連れたサトが立っていた。

「おじいちゃん！」

と叫んで、孫娘が駆け込んできた。

雛祭り前の日曜日だから、娘と孫が食事にやってきたのだ。

「散らし寿司は、おじいちゃんのが、いちばんおいしい」

娘のサトも、本気かお世辞か、そう言って、毎年三月には必ず散らし寿司をねだる。

テーブルの上に用意した漆の器を前にすると、娘と孫は同時に嬉しそうな歓声を上げた。

錦糸卵を小さい指で摘み上げようとする孫のイトに泰平は訊ねる。

「これはなに？」

「これはたがも」

「こっちは？」

「しいたこ」

「　Ⅳ　」

女史は次々と調理台の上の具材を取り上げては、明るい黄色をした錦糸卵の上に載せていった。

「あれはまだ私が娘の時分でございました」

杉山女史は目を細め、遠い昔を思い出すように b 顎を上げた。

それから一瞬盛りつけの手を止めて、清水と陽の光を c 潤沢に浴びながら、日がな一日ふるふる揺れていた、芽を出したばかりのジュンサイだったころのことを語り始めた。

「沼は人里からは少し離れておりまして、冬の間は薄氷がかかるのですが、雪解けとともに水ぬるむ春が訪れて、そうなりますともともと開けて日当たりのいい場所ですから、私たちはむくむくと体の奥から生命の力が満ちてくるのを感じます。すでに葉は大きく沼にたゆたっておりまして、少し大きな欠伸をするような気持ちで体を伸ばしますと、沼の向こうに楢の木が二本伸びて立っているのが見えました。とにかく水のきれいな沼ですから、朝陽が上るともう空の様子を逐一鏡のように映し出します。ですから、葉と葉の間は水色の空と白い雲を映して、風が吹けば私たちは空とともに陽光を浴びて揺れるのです。暖かい日が続くと、さすがに待ちきれなくなって、私たちのほうでもどうにか小さな花をつけるのが夏の初めくらいです。それは睡蓮などにくらべたら地味な花ですけれど、あれがふっくらと蕾を膨らませて、朝、ほこりと開くときの、えもいわれぬ艶やかで誇らしい感じは、なかなか忘れられるものではありません。花の季節が終わると、とうとう新芽が出てまいりますが、自分の体がこう、つるっつるっと分裂していく。あのなにげないような、本当に強い、寒天質の粘液に護られて、ぷるるるんと澄んだ水の中に生ま

れ出るときの感覚は、そうですねえ、年甲斐もなく妙な言葉を使うようですが、恍惚、といったものに近かったと思います。ただ、水の表面でたゆたう、たゆたう日々。あれが私の人生で最も幸福な瞬間でした」

そう語る間に、杉山女史の手は小さなバットや小皿と漆の器を行ったり来たりして、散らし寿司をおいしそうに彩っていた。《　ⅰ　》

「お好きなように載せてみてくださいね」

女史は桜でんぶを散らし、酢バスと椎茸を載せた。《　ⅱ　》

②ルールや法則があるわけではありませんから」

泰平はうなずいて不器用に小皿を取り上げ、煮蛤と菜の花を置いた。

「まあ、なんてきれい」

できあがったものを見て、杉山女史は満足げに溜め息をついた。《　ⅲ　》

漆塗りの箱に自分で詰めた散らし寿司を、泰平は持たされた。

「また、お会いできますか?」

と、泰平は帰りぎわに訊ねたが、杉山女史は一瞬考えてから答えた。

「お教室は予約がいっぱいなので、一度受講されたかたの再受講はご遠慮いただいております。お料理は一【Ｘ】ー【Ｙ】ですから。ただ女史は少しだけ間を置いて、

「もしかしたら、またいずれ、どこかでお目にかかるかもしれませんね」

にっこりと笑って泰平を送り出した。

　　《　ⅳ　》

泰平はその日、酒を呑みながら一人で散らし寿司を食べた。なんだかひどく、旨いような気がした。

ア　決まった型以外のシークエンスもよく使われることがある

イ　音楽のジャンルによって使われる型に偏りがある

ウ　型が重要で型から外れた動きというのはめったにない

エ　国籍や性別に関わらず世界共通の型を持っている

問九　本文の内容に合うものを次の中から一つ選び、記号で答えよ。

ア　熟達には記憶力を要するため、熟達者はすべての分野で普通の人間よりもすぐれた記憶力を発揮する。

イ　プロのバスケットボール選手は記憶力を必要とするため、普段から記憶力向上の為のテストをしている。

ウ　ヒナの性別を区別するには才能が必要であり、選ばれた人間はすぐに一人前のプロになることが出来る。

エ　普通の人が判断に迷うようなもののよし悪しを、細やかな基準で見分けられるのが一流の熟達者である。

【二】　次の文章を読んで、後の問いに答えよ。

「妻は、椎茸（しいたけ）だったことがあるそうです」

唐突に口をついて出た言葉に、泰平自身も驚いた。なぜ自分がそんなことを言うのか、わからなかった。昨晩読んだ、妻のレシピ帳に書いてあったのだ。もし、私が過去にタイムスリップして、どこかの時代にいけるなら、私は私が椎茸だったころに戻りたいと思う、と。読んだときはそのまま読み飛ばしたが、ふと考えてみると異常な感じがした。死んだ妻はひょっとして、頭がおかしかったのではないか。

「人は誰でもそうです」

落ち着き払って、杉山女史はさくさくと酢飯に具を混ぜていった。

「誰でも？」

泰平は団扇（うちわ）を止めて、目を上げた。

「①料理とはそういうものです」

そう言っておいて、女史は太陽のように笑い、

「さあ、盛りつけですよ」

と嬉しそうに朱塗りの箱を二つ取り出した。 a漆（うるし）の四角い器に、甘辛い煮汁で少し色のついた寿司飯（すしめし）がちょうど半分に分けられて、それぞれに敷き詰められた。

「人は料理のことがよくわかっていないのです。料理をしない人には、料理のことがよくわからないのです。奥様はお料理をよくなさった方でしたのね」

女史と泰平は、隣に並ぶ形になった。後は盛りつけなので、用意した具材を好きなように載せていけばいいのだが、

「まずはこちら」

と女史は言って、均一（なら）した寿司飯の上に、きれいな黄色をした錦糸卵をふわふわと万遍なく載せていった。泰平もそれにならって、細く切った薄焼き卵をちりばめる。

「私はいまたとえば、この卵が親鳥のおなかにあったときのことを考えているのです。ちなみにこの卵は有精卵（だいせん）です。大山のふもとで生まれました。卵を手に取りますとね、殻を通して記憶が伝わってきますの」

「殻を通して記憶が？」

「　Ⅰ　」

「　Ⅱ　」

「　Ⅲ　」

「かやうに見ゆるはかやうに仕立てたるゆゑなり。かやうに仕立たる
はかやうになるべしと明らめぬ人は、合点行がたき事なり」
中野孝次はこのように書いている。

現にそこにあるものを見て判を立てることなら誰にでもできる。
が、そのようなことでは錆刀はどこまでいってもただの錆刀としか
見えますまい。粗壁に浮き出た模様はただの壁の乾き具合の違いと
しか見えますまい。が、名人上手の域に達した人は、現にある錆刀
の中にあるべき本来の刀の姿を見る。粗壁の乱れ模様の中に竹林や
岩山や虎が姿をあらわしたがっているのを見る。このように仕立て
ればこのようになるであろうと、その成った姿が見える。……
画でも書でも焼物でも刀でもそのことに変りはない。芸の道
をきわめるとは、あるべきものの姿が心眼にありありと見えるとこ
ろまで行くということである。

中野孝次『本阿弥行状記』(河出書房新社)より

※問題に使用された作品の著作権者が二次使用の許可を出していないた
め、問題を掲載しておりません。

(出典：『学びとは何か─〈探求人〉になるために』今井むつみ)

※注 シークエンス……まとまり。系列。
ランダム……無作為・任意であること。また、そのさま。
琳派……桃山時代後期に興り近代まで活躍した、同傾向の表現手法を用
いる造形芸術上の流派。
俵屋宗達……江戸時代初期に活躍した絵師。

問一 ───線A〜Dのカタカナを漢字に直せ。

問二 ───線a〜cの漢字の読みをひらがなで書け。

問三 【i】〜【iii】に入る最適な語を次の中から選び、それぞれ記号
で答えよ。
ア このように イ ずいぶん ウ なぜなら エ しかし

問四 本文からは次の一文が抜けている。入るところとして最適なもの
を《I》〜《IV》の中から選び、記号で答えよ。

しかし、熟達しないうちは、その時その場での局所的な選択しか
思い浮かべることができない。

問五 ───線①とあるが、「熟達」とはここではどういうことか、説明
せよ。

問六 ───線②とあるが、「識別力」が働いている例としてふさわしくな
いものを次の中から一つ選び、記号で答えよ。
ア 高い木の枝にいる鳥の性別を見分けられる。
イ 群れの中のサルの個体を見分けられる。
ウ 鶏のヒナの性別を見分けられる。
エ 同じ種類のイヌの個体を見分けられる。

問七 ───線③の意味として最適なものを次の中から選び、記号で答え
よ。
ア 許可を出さない イ 評価をさせない
ウ 誰もまねできない エ 公平に判断できない

問八 【X】・【Y】に入る最適な言葉を次のページの中から選び、それ
ぞれ記号で答えよ。

クラシックバレエのダンサーの場合は、クラシックバレエの構造をもったシークエンスの時には、なんなくシークエンスを記憶した。しかし、※注ランダムなシークエンスを提示された場合には初心者と記憶成績が変わらなかった。それに対し、モダンバレエのダンサーの場合には、構造のあるシークエンスでも構造のないシークエンスでも初心者よりすぐれた記憶を見せた。これは、クラシックバレエでは「　Ｘ　」のに比べ、モダンバレエにおいては「　Ｙ　」ということを反映していると思われる。

　熟達者のすぐれた記憶の本質は、「その場の情報をそのまま記憶する力」ではなく、持っている知識によって状況が認識できる「認識力」にあるのである。

　［　ⅱ　］、人は、熟達の過程で、その分野で（熟達者にとって）重要な情報を非常に短い時間で効果的に記憶する術を身につける。しかし、熟達者のすぐれた記憶の本質は、「その場の情報をそのまま記憶する力」ではなく、持っている知識によって状況が認識できる「認識力」にあるのである。

　認識力は「②識別力」でもある。熟達者は、普通の人にはわからない違いがわかる。初生雛鑑別師という職業がある。この職業は、鶏のヒナの性別を区別する仕事だ。鳥の生殖器官は体内に位置するので、普通は外側から見てもわからない。プロの鑑別師は、まずヒナの肛門をわずかに開ける技術を習得した上で、ヒナの生殖器官の雌雄の違いにより、どれがオスでどれがメスなのかの区別をする。このように書くと簡単そうに思えるが、パターンのほんのわずかな違いから見分けをする非常に熟練を要する職業で、一人前のプロになるのには何年もかかるそうである。

　熟達者は普通の人には見えないパターンの違いがわかり、見極めができる。熟練したバードウォッチャーは、高い木の枝にいる様々な種類の鳥を一瞬見ただけですぐに見分けられる。ドッグブリーダーは同じ種類のイヌの個体を、サルの飼育者や研究者は群れの中のたくさんのサルのそれぞれの個体を見分けることができる。

　このような識別力の延長にある熟達者の認知能力は「審美眼」だろう。一流の美術家は、普通の人間にはどれも素晴らしく見える焼きあがった作品の多くをＣ囗囗してしまうという話をよく聞く。一流の熟達者は普通の人には到底見分けられないレベルで、出来栄えのよい、悪いを判断できる。最高のものとそうでないものを見分ける審美眼が、一流のパフォーマンスを支えているのである。

　熟達者は普通の人にはわからないほどの厳しく細やかな基準で、出来栄えのよし悪しが判断できる。

　［　ⅲ　］昔に『本阿弥行状記』（中野孝次著）という本を読んだ。この本は、琳派の※注ｃ始祖で、俵屋宗達と組んで有名な「嵯峨本」を作った、日本の三筆に数えられる能書家であり、「不二」をはじめとして、国宝にもなっているすばらしい茶碗を作ったＤトウゲイ家でもあり、息のむほど美しい蒔絵の作品を残したりしている美の究極の探究者であり目利きであった本阿弥光悦を中心にした本阿弥家についての小説風評伝だ。本阿弥家は伝来刀研ぎと刀の目利きを家業にしており、光悦自身も稀代の刀の目利きであった。この本には光悦だけではなく代々の本阿弥家の人間がどのような気概と精神で、どのような修行をして、他家に③追随を許さない刀研ぎ、目利きとしての技量を身につけていたかが描かれている。

　刀の目利きについて、光悦の孫の光甫が本阿弥家相伝の芸の奥義を語ったことばとしてこのような下りがあった。

国語 （五〇分）〈満点：一〇〇点〉

【一】 次の文章を読んで、後の問いに答えよ。（設問の都合上、一部を改変している）

「カン」は①熟達者の真髄であると言ってもよい。将棋、囲碁の熟達者の直観はその Ａ ハッテン形といえる。一手一手で最善の手を考え、それを積み重ねていく。次の一手についても、勝負を決める最終的な形についても正解はない。しかし、プロの棋士はこれから向かおうとする形には、その分野で意味がある情報の記憶に限られている。《 Ⅱ 》すぐれたバスケットボールの選手にバスケットボールのゲームの一場面のスライドを見せていき、記憶のテストをした研究がある。バスケットボールは対戦する二つのチームの選手の位置関係が戦略上、非常に重要なゲームである。すぐれたバスケットボールの選手は非熟達者に比べ、ゲーム場面のスライドを短時間見ただけで選手のコート上の布陣を正確に記憶することができた。［ i ］、このすぐれた記憶は見せられた布陣が戦略上、意味のある構造をもっている場合に限られた。適当に人を配置しただけの意味のない布陣を見せられた場合は、彼らの記憶は普通の人と変わらなかったのである。《 Ⅲ 》

ついて直観的に視ることができ、次の一手も直観によって無数の選択肢から Ｂ コウホを絞り込むことができるのである。

将棋や囲碁では熟達者の「直観」の働き方は二種類ある。全体の終着点についての直観と、次の一手についての直観である。多くのタイトルを持つプロ棋士の羽生善治さんは著書『大局観』で前者を「ひらめき」、後者を「直観」と呼び分けている。これは非常に a 示唆に富む b 洞察である。

物理の熟達者も、問題を見た瞬間に答えがでないうちから解決の到達点が見え、そこから具体的に手続きを進めていく。人が複雑な問題解決をするときには、その時々、その場その場でのポイントの判断だけではなく、事態がまだ解決から遠く、不明瞭な段階でも、最終的にどこに向かうのかというような直観が非常に大事なのである。《 Ⅰ 》

羽生さんによれば、「大局観」とは様々な手を深く読まなくてもそのときの状況とその後の流れを一瞬見ただけで判断する直観で、経験を積めば積むほど精度が上がってくるものだそうだ。がむしゃらに読み込む力は若いうちほど精度のほうが強いが、熟年になるほど「大局観」が育っていくと

バレエダンサーの振り付けの記憶についても興味深い研究がある。この研究では熟達者と初心者に複雑なシークエンス※注からなる振り付けを教え、実験参加者にそれを再現させた。半分のシークエンスは振付師がつくったクラシックバレエのパターンをもとにした構造をもったシークエンスで、後の半分は実験者が適当につくった構造のないシークエンスだった。また、研究に参加した人の半分はクラシックバレエのダンサーで、もう半分はモダンバレエのダンサーだった。《 Ⅳ 》

書いている。「大局観」を言いかえれば、問題を大づかみに捉える直観である。熟達とは、将棋に限らずどのような分野でも、この直観を育てていく過程と言ってもよい。

「直観」が働くためには、膨大な量の過去の経験の記憶があり、それが必要な時に適切に取り出せることが必要だ。熟達者が瞠目すべき記憶力を持つことは、すべての分野に共通する。しかし、そのすぐれた記憶は、その分野で意味がある情報の記憶に限られている。

大切なことはメモしておこうネ！

2024年度

解　答　と　解　説

《2024年度の配点は解答欄に掲載してあります。》

＜数学解答＞

【1】 (1) $-\dfrac{2}{9}x^4y^2$ (2) $\dfrac{3x-4y}{10}$ (3) $x=\dfrac{5\pm\sqrt{57}}{2}$ (4) $3(2a-b)(x-y)$

(5) $-\sqrt{3}$ (6) $\dfrac{2}{9}$ (7) $\angle x=35°$

【2】 (1) $\begin{cases} \dfrac{\frac{x}{2}+y-20}{120}=\dfrac{\frac{x}{2}-y}{60} \\[2ex] \dfrac{340+\frac{x}{2}+y}{120}=\dfrac{\frac{x}{2}+y}{60}-7 \end{cases}$ (2) $x=1760,\ y=300$

【3】 (1) $3:5$ (2) $3:2$ (3) $15:9:16$ (4) 62

【4】 (1) $4\sqrt{2}$ (2) $8\sqrt{3}$ (3) $\dfrac{4\sqrt{3}}{3}$ (4) $2:7$ (5) $\dfrac{4\sqrt{3}}{3}$

【5】 (1) $y=-\dfrac{3}{4}x+\dfrac{5}{2}$ (2) $a=\dfrac{1}{4}$ (3) $C\left(-5,\ \dfrac{25}{4}\right)$ (4) $x=\dfrac{2}{7}$

(5) $x=\dfrac{2+2\sqrt{7}}{3}$

○配点○

【1】各4点×7　【2】(1) 3点，4点　(2) 各2点×2　【3】(1)・(2) 各3点×2

(3) 5点　(4) 6点　【4】(1) 3点　(2) 4点　(3)・(4) 各5点×2　(5) 6点

【5】(1) 3点　(2)・(5) 各5点×2　(3)・(4) 各4点×2　　計100点

＜数学解説＞

【1】 (数・式の計算，二次方程式の計算，因数分解，平方根の計算，確率，円の性質)

(1) まず，$\left(-\dfrac{1}{2}xy\right)^3=\left(-\dfrac{1}{2^3}x^3y^3\right)$として，$\dfrac{16}{15}x^3y^2\times\left(-\dfrac{1}{2}xy\right)^3\div\left(\dfrac{3}{5}x^2y^3\right)=\dfrac{2^4}{3\times5}x^3y^2\times\left(-\dfrac{1}{2^3}x^3y^3\right)$

$\times\dfrac{5}{3x^2y^3}=-\dfrac{2}{9}x^4y^2$

(2) $\dfrac{3x-5y}{15}-\dfrac{2y-3x}{30}=\dfrac{1}{30}\{2(3x-5y)-(2y-3x)\}=\dfrac{1}{30}(9x-12y)=\dfrac{3x-4y}{10}$

重要 (3) $2(x-1)(x+1)=(x+2)(x+3)$　　$2(x^2-1)=x^2+5x+6$　　$x^2-5x-8=0$　　二次方程式の解

の公式より，$x=\dfrac{-(-5)\pm\sqrt{(-5)^2-4\times1\times(-8)}}{2\times1}=\dfrac{5\pm\sqrt{57}}{2}$

重要 (4) まず，3をくくり出して，$6ax+3by-6ay-3bx=3(2ax+by-2ay-bx)=3(\underset{\sim}{2ax-bx}-2ay$

$+by)$　$\underset{\sim}{}$はxをくくり，$\underline{\underline{}}$は$-y$をくくり出して，$3\{x(2a-b)-y(2a-b)\}$　　$(2a-b)$を

くくり出して，$3(2a-b)(x-y)$

(5) $\dfrac{\sqrt{12}-3\sqrt{2}}{\sqrt{6}}=\sqrt{2}-\dfrac{3}{\sqrt{3}}=\sqrt{2}-\sqrt{3}\cdots①$　　　$4\div\sqrt{8}=\dfrac{4}{2\sqrt{2}}=\sqrt{2}\cdots②$

$\dfrac{\sqrt{12}-3\sqrt{2}}{\sqrt{6}}-4\div\sqrt{8}=①-②=(\sqrt{2}-\sqrt{3})-\sqrt{2}=-\sqrt{3}$

(6) 大小2つのさいころの目の出方の総数は，$6^2=36$通りある。題意を

満たすさいころの目の組は，右図のように，8通りある。よって，求

大\小	1	2	3	4	5	6
1	○	○			○	
2	○			○		
3			○			
4		○				
5	○					
6						

める確率は，$\dfrac{8}{36}=\dfrac{2}{9}$

(7) 右図のように，点A～Eを定める。円周角の定理より，
$\angle BOD=2(\angle BAC+\angle DEC)=2(35°+20°)=110°$
△BODは，OB=ODの二等辺三角形だから，$\angle x=\dfrac{180°-\angle BOD}{2}=$
$\dfrac{180°-110°}{2}=35°$

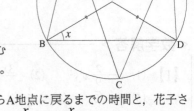

【2】 （連立方程式の文章題－速さ・道のり・時間）

やや難 (1) 太郎君が，A地点から20m進んだ地点からC地点まで進む
時間と，花子さんが，B地点からC地点まで進む時間が等しい。

よって，$\dfrac{\frac{x}{2}+y-20}{120}=\dfrac{\frac{x}{2}-y}{60}\cdots①$　　太郎君が，C地点からA地点に戻るまでの時間と，花子さ

んが，C地点からA地点に到着するまでの時間の関係から，$\dfrac{340+\frac{x}{2}+y}{120}=\dfrac{\frac{x}{2}+y}{60}-7\cdots②$

重要 (2) ①×120より，$\dfrac{x}{2}+y-20=2\left(\dfrac{x}{2}-y\right)$　　展開・整理して，$-\dfrac{x}{2}+3y=20\cdots①'$　　②×120より，$340+\dfrac{x}{2}+y=2\left(\dfrac{x}{2}+y\right)-840$　　展開・整理して，$\dfrac{x}{2}+y=1180\cdots②'$　　①'+②'より，$4y=1200$　　$y=300$　　①'にこれを代入して，$-\dfrac{x}{2}+3\times300=20$　　$x=1760$

【3】 （平面図形の計量）

基本 (1) DE//BCより，△ADE∽△ABC（二組の角がそれぞれ等しい）であるから，AD：AB＝DE：BCが成り立つ。1：(1+2)＝DE：(5+4)　　DE＝3　　ゆえに，DE：BG＝3：5

重要 (2) DE//BF，DB//EFより，四角形DBFEは平行四辺形である。よって，DE＝BF＝3となり，FG＝BG－BF＝5－3＝2と表せる。また，△DQE∽△GQFであるから，DQ：GQ＝DE：GF＝3：2が成り立つ。ゆえに，DQ：QG＝3：2…①

重要 (3) △DPE∽△GPBであるから，DP：GP＝DE：GBが成り立つ。(1)より，DP：PG＝DE：BG＝3：5…②となる。ここで，①×8より，DQ：QG＝24：16…①'　　②×5より，DP：PG＝15：25…②'　　①'と②'から，DP：PQ：QG＝15：(24－15)：16＝15：9：16

やや難 (4) △GFQの面積をSとおく。$△GBP=△GFQ\times\dfrac{GB}{GF}\times\dfrac{GP}{GQ}=△GFQ\times\dfrac{5}{2}\times\dfrac{16+9}{16}=\dfrac{125}{32}S$と表せるから，四角形PBFQ$=△GBP-△GFQ=\dfrac{125}{32}S-S=\dfrac{93}{32}S$と表せる…①　　また，$△ABC=\underline{△GBD}\times\dfrac{BA}{BD}\times\dfrac{BC}{BG}=\underline{△GFQ\times\dfrac{GB}{GF}\times\dfrac{GD}{GQ}}\times\dfrac{BA}{BD}\times\dfrac{BC}{BG}=△GFQ\times\dfrac{5}{2}\times\dfrac{16+9+15}{16}\times\dfrac{3}{2}\times\dfrac{9}{5}=\dfrac{135}{8}S$と表せて，この値が360であるから，$\dfrac{135}{8}S=360$　　$S=\dfrac{64}{3}$　　これを①に代入して，四角形PBFQ$=\dfrac{93}{32}\times\dfrac{64}{3}=62$

【4】 （立体図形の計量）

(1) JとMを結ぶ。△JMCで三平方の定理より，$JM=\sqrt{JC^2+MC^2}=\sqrt{4^2+4^2}=4\sqrt{2}$

(2) △JMOは，$JM=MO=OJ=4\sqrt{2}$の正三角形であるから，$△JMO=\dfrac{\sqrt{3}}{4}\times(4\sqrt{2})^2=8\sqrt{3}$

重要 (3) 求める垂線の長さをhとおいて，四面体CJMOの体積を2通りで表す。まず，三角すいC－JMOと見て体積は，$\dfrac{1}{3}\times△JMO\times h=\dfrac{1}{3}\times8\sqrt{3}\times h\cdots①$　　次に，三角すいJ－COMと見て体積は，$\dfrac{1}{3}\times△COM\times JC=\dfrac{1}{3}\times\left(\dfrac{1}{2}\times4\times4\right)\times4=\dfrac{1}{3}\times32\cdots②$　　①＝②より，$\dfrac{1}{3}\times8\sqrt{3}\times h=\dfrac{1}{3}\times32$　　$h=\dfrac{4}{\sqrt{3}}=\dfrac{4\sqrt{3}}{3}$

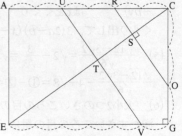

重要 (4) 断面AEGCを右図に示す。ACとJMの交点をRとすると，CE⊥ORである。まず，(3)より，$CS=\dfrac{4\sqrt{3}}{3}$　　次に，△CGEで三平方の定理より，$CE=\sqrt{CG^2+EG^2}=\sqrt{6^2+(6\sqrt{2})^2}$

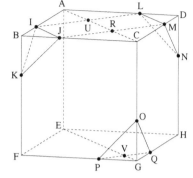

$=6\sqrt{3}$ SE$=$CE$-$CS$=6\sqrt{3}-\dfrac{4\sqrt{3}}{3}=\dfrac{14\sqrt{3}}{3}$ 以上から，CS：SE$=\dfrac{4\sqrt{3}}{3}:\dfrac{14\sqrt{3}}{3}=2:7$

やや難 (5) 右図のように，ACとILの交点をU，EGとPQの交点をVとする。前ページの図より△CUT∽△EVTであるから，CT：ET$=$CU：EV$=4:5$が成り立つ。これと(4)より，CS：ST：TE$=2:2:5$となる。よって，ST$=\dfrac{2}{9}\times$CE$=\dfrac{2}{9}\times6\sqrt{3}=\dfrac{4\sqrt{3}}{3}$

【別解】 直線ROと直線EGの交点をG′とする。△ROC∽△G′OGであり，相似比が$2:1$であることから，UR$=$VG′となる。よって，四角形URG′Vは平行四辺形となるから，OR//VUである。ゆえに，CR$=$RU$(=2\sqrt{2})$だから，CS$=$ST$=\dfrac{4\sqrt{3}}{3}$となる。（CS：ST：TE$=2:2:5$であることからもわかる。）

【5】（図形と関数・グラフの融合問題）

(1) A$(-2,4)$である。直線ℓは，傾き$-\dfrac{3}{4}$で，A$(-2,4)$を通るから，$y=-\dfrac{3}{4}x+b$に$x=-2$，$y=4$を代入して，$4=-\dfrac{3}{4}\times(-2)+b$ $b=\dfrac{5}{2}$ よって，直線ℓの式は，$y=-\dfrac{3}{4}x+\dfrac{5}{2}$

(2) Bは直線ℓ上の点だから，$y=-\dfrac{3}{4}x+\dfrac{5}{2}$に$x=2$を代入して，$y=-\dfrac{3}{4}\times2+\dfrac{5}{2}=1$ よって，B$(2,1)$ Bは$y=ax^2$上の点でもあるから，$1=a\times2^2$ ゆえに，$a=\dfrac{1}{4}$

(3) Cは②と直線ℓとの交点だから，2式を連立して，$\dfrac{1}{4}x^2=-\dfrac{3}{4}x+\dfrac{5}{2}$ 両辺を4倍して整理すると，$x^2+3x-10=0$ 左辺を因数分解して，$(x+5)(x-2)=0$ $x\neq2$より，$x=-5$ これを，②に代入して，$y=\dfrac{1}{4}\times(-5)^2=\dfrac{25}{4}$ 以上より，C$\left(-5,\dfrac{25}{4}\right)$

重要 (4) P$(2,4)$，D$(-2,0)$である。直線PDの式を$y=ax+c$とおくと，傾き$a=\dfrac{4-0}{2-(-2)}=1$となる。$y=x+c$に$x=2$，$y=4$を代入して，$4=2+c$ $c=2$ よって，直線PDの式は$y=x+2$である。点Qは直線ℓと直線PDとの交点だから2式を連立して，$-\dfrac{3}{4}x+\dfrac{5}{2}=x+2$ 両辺を4倍して，$-3x+10=4x+8$ $7x=2$ $x=\dfrac{2}{7}$

やや難 (5) △QEFの面積は，△QEDの面積と△QDFの面積の和であり，△ADFの面積は，△ADQの面積と△QDFの面積の和であるから，△QEF$=$△ADFとなるとき，△QED$=$△ADQとなる。このとき，直線PD//直線AEとなる。よって，（直線PDの傾き）$=$（直線AEの傾き）…★が成り立つ。点Pのx座標をpとおくと，Pは①上の点だから，P$(p,\ p^2)$とおける。よって，（直線PDの傾き）$=\dfrac{p^2-0}{p-(-2)}=\dfrac{p^2}{p+2}$と表せる。また，（直線AEの傾き）$=\dfrac{4-0}{-2-(-5)}=\dfrac{4}{3}$である。★より，$\dfrac{p^2}{p+2}=\dfrac{4}{3}$ 両辺に$3(p+2)$を掛けて整理すると，$3p^2-4p-8=0$ 二次方程式の解の公式より，$p=\dfrac{-(-4)\pm\sqrt{(-4)^2-4\times3\times(-8)}}{2\times3}=\dfrac{4\pm4\sqrt{7}}{6}=\dfrac{2\pm2\sqrt{7}}{3}$ $p>0$より，$p=\dfrac{2+2\sqrt{7}}{3}$

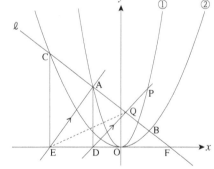

━━★ワンポイントアドバイス★━━━

【2】の時間配分を考えて解き進めよう。【3】【4】【5】は典型的な問題ではあるが，最後の小問はやや難しく，時間を要する。試験時間に注意しながら，解ける問題を確実に得点に結び付けていくことを心がけよう。

＜英語解答＞

【1】 リスニング問題解答省略
【2】 (A) ア→イ→ウ　　(B) かつて在籍していた男子の名前を使うという考えは上手くいった。　(C) woman　(D) (4a) helping　(4b) used　(E) ソフィーの時代
　　　(F) イ　　(G) Sophie Germain　　(H) エ
【3】 (A) ウ　(B) イ　(C) エ　(D) ア→ウ→エ→イ
【4】 問1 sold at the shop　　問2 When do you think　　問3 us English made her
　　　問4 don't think that's a good idea
【5】 設問A (1) design　(2) ×　(3) ○　設問B (1) イ　(2) ア　(3) エ
　　　設問C (1) idea, to　(2) enough, to　(3) he, was
　　　設問D (1) The book that my father sent from Canada is difficult to read.
　　　　　(2) Ayako's friends call her Aya.　(3) Ken has worn the shoes for two years.

○配点○
【1】 各3点×6　【2】 (B) 4点　　他　各3点×8((A)完答)　【3】 各3点×4((D)完答)
【4】 各3点×4　【5】 設問A，設問B 各2点×6　　他　各3点×6　　計100点

＜英語解説＞

【1】 リスニング問題解説省略。
【2】 （長文読解問題・説明文：文補充，指示語，語句補充，語形変化，内容吟味）

（全訳）　アインシュタインに物理学の勉強をやめるように言ったところを想像してみてください。ピカソに絵を描くのをやめるように言ったところを想像してみてください。彼らは自分たちの好きなことをやめることはできるでしょうか？　これは人々がソフィー・ジェルマンにやろうとしたことです。

　ソフィーの愛は数学でした。彼女はわずか13歳のときにそれに夢中になりました。彼女は父親の蔵書の中にアルキメデスと彼の「幾何学」への愛についての本を見つけました。それから彼女は見つけられる限りの数学に関する本をすべて読み，数学者になることを決心しました。

　問題は2つありました。まず，ソフィーは18世紀のフランスの出身でした。第二に，ソフィーは中流家庭の少女でした。18世紀初頭のフランスでは，中産階級の少女たちが数学を勉強することは非常に珍しいことでした。

　ソフィーの両親は，ソフィーが他の女の子と同じようになることを望んでいました。彼女が数学を勉強していると，彼らは彼女を止めようとしました。ソフィーはやめたくありませんでした。(1)両親が寝ている夜，ろうそくの明かりでこっそり勉強しました。ソフィーの両親はそれを知り，彼女のろうそくを取り上げてしまいました。それでもソフィーは止まりませんでした。彼女はさらにろうそくを見つけました。ついに，彼女の両親はソフィーに勉強をさせることを決めました。彼女を止めるのはあまりにも大変でした！

　ソフィーが18歳のとき，パリに数学者のための学校が開校されました。そこは男性専用のため，ソフィーは授業を受けることができませんでした。しかし，彼女は女性に対する差別が彼女を止めてしまうことを許しませんでした。彼女は学校の数学教授に手紙を書き始めました。彼女は彼らに質問し，自分の考えについて書きました。しかし，彼女はその手紙に自分の名前を署名していませんでした。彼女は，かつてその学校の生徒だったムッシュ・ルブランという男性の名前を使いました。

(2)この考えはうまくいき，教授たちは彼女の手紙に返事を返しました。しばらくして，ある教授が優秀なムッシュ・ルブランに会いたいと申し出ました。彼の驚きを想像してみてください！ムッシュ・ルブランは(3)女性でした。教授は誰にも言いませんでした。彼はソフィーの秘密を守りました。

ソフィーは他の数学者に手紙を書き続けました。彼女はいつも自分の手紙にムッシュ・ルブランと署名しました。彼女はこれらの専門家の何人かに会いましたが，彼らは通常，短期間で彼女を(4a)助けてくれなくなりました。女性だったからでしょうか？　誰にもわかりません。しかし，私たちが知っていることが1つあります。(5)ソフィーの時代には，教育を受けた女性に対する強い偏見があったのです。これは困難な課題を生み出しましたが，それでも彼女を止めることはできませんでした。

ソフィーは勉強を続けました。彼女は代数学や微積分など，(6)他の種類の数学を独学で学びました。彼女は，他の多くの数学者が挑戦した難しい数学の問題であるフェルマーの最終定理に関する優れた研究で有名です。

ソフィーは建築材料としての金属の研究でも有名です。数年後，エンジニアたちは彼女のアイデアを(4b)利用して，ソフィーの故郷であるパリのエッフェル塔などの超高層ビルを建設しました。

現在，エッフェル塔のふもとには，フランスの優秀な科学者や数学者の72人の名前が刻まれています。これらの人々は皆，世界に多大な貢献をしました。ただし，重要な名前が1つ欠落しています：(7)ソフィー・ジェルマンです。

(A)　全訳参照

(B)　直前に「彼女は学校の数学教授に手紙を書き始めました。彼女は彼らに質問し，自分の考えについて書きました。しかし，彼女はその手紙に自分の名前を署名していませんでした。彼女は，かつてその学校の生徒だったムッシュ・ルブランという男性の名前を使いました」とある。この中で「この考え」に当たる部分は，自分の名前を用いず，かつての男子生徒の名前を使ったことなので，この内容をまとめる。

(C)　ムッシュ・ルブランとして教授に会ったのはソフィー・ジェルマンだった。

(D)　(4a)〈 stop ～ ing 〉で「～することを止める」という意味を表す。　(4b)　エッフェル塔の建設にソフィー・ジェルマンの考えが用いられたことを表している。

(E)　time には「時代」という意味がある。

(F)　teach oneself で「独学する」という意味になるので，イが答え。イ以外はすべて「独学した」という意味になっていないので，誤り。　ア「彼女は数学の先生になり，他の女性たちに教えた。」　イ「彼女はひとりで別のタイプの数学を学んだ。」　ウ「彼女は教授たちから他の種類の数学を習った。」　エ「彼女は学校に行き，他の種類の人々と数学を勉強した。」

(G)　ソフィー・ジェルマンがエッフェル塔の建設に貢献したことを表している。

重要 (H)　ア「明らかに，一部の専門家はソフィーが女性だったため支援を続けなかった。」「誰にもわかりません」とあるので，誤り。　イ「18世紀には中産階級の女性は通常家政学を学んでいた。」「家政学」とは書かれていないので，誤り。　ウ「ソフィーの両親は，ソフィーが学校で他の女の子たちと仲良くやっていくことを好んだ。」「他の女の子と同じようになることを望んでいました」とあるので，誤り。　エ「ソフィーは他の専門家にとっては簡単ではなかった数学の問題を解くことができた。」「他の多くの数学者が挑戦した難しい数学の問題であるフェルマーの最終定理に関する優れた研究」とあるので，答え。

【3】　（長文読解問題・物語文：語句補充，内容吟味）

（全訳）　昔，スコットランドの小さな家に二人の友人が一緒に住んでいました。彼らの名前はジ

ョンとボビーでした。

ジョンとボビーは_(1a)裕福ではありませんでしたが，_(1b)幸せでした。外が寒いとき，彼らは暖かい火を燃やしていました。彼らは_(1c)お腹が空いたときにおいしい食べ物を食べました。彼らにはお互いがいたので決して_(1d)孤独ではありませんでした。

ジョンとボビーは一緒に長い散歩をするのが好きでした。散歩の後，ジョンはいつも夕食を作りました。ジョンとボビーは夕食を食べてから，暖炉の前に座りました。彼らは質素だが良い生活を送っていました。

その後，1858年の春にジョンは病気になり，亡くなりました。彼はスコットランドのエディンバラの墓地に埋葬されました。ジョンが埋葬された後，ボビーはジョンの墓の前に立って泣きました。「さあ，ボビー」と友人たちが言いました。「₍₂₎もう家に帰る時間だ。」ボビーは家に帰りましたが，その後墓地に戻りました。彼はジョンの墓の近くに座りました。彼は一晩中そこに留まりました。

ボビーは次の日もその次の日も墓地に留まりました。その後14年間，ボビーは一度も墓地から₍₃₎出ませんでした。天気が寒かったり，雨が降っていたりしたときは，墓地にある小さな家で眠りました。天気が暖かかったときは，ジョンの墓の近くの地面で眠りました。

ついに1872年に_(4a)ボビーも亡くなりました。_(4b)友人たちは彼をジョンの近くの小さな墓に埋葬しました。_(4c)ボビーのお墓はなぜ小さかったのでしょうか？ _(4d)ジョンの親友のボビーは犬でした。

(A) （1a） ジョンとボビーは互いを愛していたので，アとイは不適切。 （1b） （1a）より happy とわかる。 （1c） 食事をとるときについて書いているのでエは不適切。 （1d） a〜cよりウと決まる。

(B) ジョンの墓の前にいるボビーにかけた言葉であり，直後に「帰宅した」とあるので，イが答え。イ以外はすべて場面に合わないので，不適切。ア「あなたの友達を呼ぶ時間だ。」，ウ「あなたの友達に会う時間だ。」，エ「本を読む時間だ。」

(C) 直後の内容からボビーはずっと墓地にい続けたことがわかるので，「去らなかった」とする。

重要 (D) 全訳参照。

【4】（条件英作文問題）

問1 A：日本で欲しいものはもうすべて手に入れたの？

B：ほとんど全部ね。まだ家族用のお土産が必要なんだ。何がいいかな？

A：駅前の店で売られている抹茶クッキーが，おいしいよ。

B：ああ，故郷の家族は抹茶を使ったものが好きなんだ。情報をありがとう！

直前の名詞を修飾するので分詞を用いる。クッキーは「売られる」ものなので，受動の意味を表す過去分詞を使う。

問2 A：新年のお休みの予定はあるの？

B：12月30日まであなたには塾の冬季セミナーがあるわね。その日のいつ家に帰れると思う？

A：午後の6時には帰れるよ。

B：では午後7時に横浜の祖母の家に出発しましょう。

do you think という部分を when の後に挿入して作る。

問3 A：先週オーストラリアに帰ったグリーン先生からメッセージをもらったよ。

B：すばらしいね！ 彼女は何と言っているの？

A：日本で先生でいることを本当に楽しんだと言っているよ。ぼくたちに英語を教えることは彼女を毎日幸せにしたんだ。

B：すてきだね。もう返事を送ったの？

　動名詞を主語にして文を作る。また，〈 make A B 〉で「A を B にする」という構文を用いる。

問4　A：おや，すごい，たくさん雪が降っているよ！　では家まで歩いて帰ろう！

　　　B：歩く？　ぼくたちの靴からいって，それはいい考えじゃないと思うな。スリップして倒れるよ。

　　　A：心配しないで。見て，この近所の人たちは歩道の雪をどけてくれたんだよ。

　　　B：お望みなら君は歩けばいいけど，ぼくはバスに乗るよ！

　接続詞の that を用いてつくる。否定を表す部分は that 以下ではなく，I don't think として文を始めるのが一般的である。

【5】　（発音問題，語句補充問題，書き換え問題：仮定法，代名詞，前置詞，不定詞，話法，関係代名詞，SVOC，現在完了）

設問A　(1)　[kǽnsər] [dizáin] [ikspénsiv]　(2)　[gréit] [rédi] [ríːzən]　(3)　[hélpt] [stápt] [wɔ́ːkt]

設問B　(1)　A「もし彼の住所を知っていたら手紙を書くのに。」　B「彼は引っ越したと言っていたよ。私も彼の住所を知らないの。」〈 if 主語＋過去形の動詞～ 〉は仮定法過去で，実際とは異なる仮定を表す。　(2)　A「これはどうですか。」　B「この色は好きじゃないです。他のを見せてください。」「他のもの」と言う時には another を使う。　(3)　A「すぐにもどってください。」　B「わかりました。20分以内にもどります。」「～の間に」と言う時には in を使う。

設問C　(1)　「ケイトはどのバスに乗るべきか知らない。」no とあるので idea を置いて「考えがない」とする。また「乗るべき」は不定詞の形容詞的用法で表す。　(2)　「トムはとても裕福なので車を買える。」→「トムは車を買えるほど裕福だ。」〈 so ～ that S can … 〉で「とても～なので S は…できる」という意味になる。〈 ～ enough to … 〉で「…するくらい～だ」という意味になる。　(3)　「ジョンは昨日『ぼくは今数学を勉強している』と私に言った。」直接話法を間接話法に直す。その時には人を示す代名詞は話者から見たようにして表すことに注意する。また，時制も言葉を聞いたときの時制として表すことに注意する。

設問D　(1)　book を先行詞にして目的格の関係代名詞を使うことで「私の父がカナダから送ってきた本」とする。　(2)　「アヤコの友達は彼女をアヤと呼ぶ」とする。〈 call A B 〉で「A を B と呼ぶ」という意味を表す。　(3)　「ケンはその靴を2年前に得た。彼は今もそれをはいている。」→「ケンは2年間その靴をはいている。」とする。現在完了の継続用法を用いて表す。

★ワンポイントアドバイス★

【5】設問C(2)には〈 so ～ that S can … 〉が使われている。否定の意味では〈 so ～ that S can't … 〉（とても～なので S は…できない）があり，これを書き換えるときには〈 too ～ to … 〉で「…するには～すぎる」を用いる。

＜国語解答＞

【一】　問一　A　発展　　B　候補　　C　壊　　D　陶芸　　問二　a　しさ　　b　どうさつ
　　　c　しそ　　問三　i　エ　　ii　ア　　iii　イ　　問四　I　　問五　（例）問題を大づかみに捉えて，ゴールが見えない局面でも目指す到達点をイメージできる直観を育てていくこと。　問六　ア　　問七　ウ　　問八　X　ウ　　Y　ア　　問九　エ

【二】 問一 A 隅　B 自慢　C 頻繁　問二 a うるし　b あご
　　　c じゅんたく　問三 Ⅰ オ　Ⅱ ア　Ⅲ エ　Ⅳ ウ　問四 ⅲ
　　　問五 X オ　Y キ　問六 イ　問七 （例）散らし寿司の盛りつけ方
　　　問八 （例）異常な感じがして，妻は頭がおかしかったのではないかと感じていた。
　　　問九 エ

【三】 問一 イ　問二 ウ　問三 いなんとおもう　問四 係り結び（の法則）
　　　問五 ア

○配点○
【一】 問一・問三 各2点×7　問二 各1点×3　問五 10点　問九 4点　他 各3点×5
【二】 問一 各2点×3　問二 各1点×3　問三・問七・問九 各4点×3（問三完答）
　　　問八 6点　他 各3点×4
【三】 問三 2点　問五 4点　他 各3点×3　　計100点

＜国語解説＞

【一】 （論説文―漢字の読み書き，接続語の問題，脱文補充，内容吟味，語句の意味，大意）

問一　A 物事が，より進んだ段階に移っていくこと。　B ある目的のために選択の対象となる物。　C 物に力を加えてもとの形を崩したり，失わせたり，砕いたり破ったりして使用できないようにすること。　D 粘土を成形して高温で焼成することにより陶磁器などを作る技術のこと。

問二　a それとなく知らせること。　b 物事を観察して，その本質や，奥底にあるものを見抜くこと。　c ある事を歴史上最初にはじめた人。

問三　ⅰ 空欄の前に「正確に記憶することができた」とあり，また空欄の後には「意味のある構造をもっている場合に限られた」とあることから，全体・一部と内容が相反しているため，「しかし」が適当。　ⅱ 空欄の前で，モダンバレエの熟達者の振り付けにおける記憶のすばらしさを説明した後，空欄の後で，その内容をまとめているので，「このように」と前の部分を受ける言葉を入れるのが適当。　ⅲ 残るのは，イ「ずいぶん」，ウ「なぜなら」であるが，「ずいぶん」とはふさわしい程度を超えているさま，著しいさまを表す。よって，昔にかかっていることから，かなり前であることを意味する。対して，ウ「なぜなら」は前の内容を受けて，その理由を説明するが，空欄の後の本を読んだことと，審美眼が熟達者のパフォーマンスを支えていることを受けてはいないので，「ずいぶん」を入れるのがよい。

問四　問題の一文は，「しかし」から始まることから，内容と逆のことを述べている部分を文章の中で探す。「しかし」以下は，「熟達しないうちは」とあるので，逆の「熟達すれば，その時その場での局所的な選択を含めて全てを思い浮かべることができる」という内容に適する箇所の後に，問題の一文を入れるとよい。

重要 問五　物理の熟達者，将棋棋士の羽生善治の著書を挙げ，「問題を見た瞬間に答えがでないうちから解決の到達点が見え，そこから具体的に手続きを進めていく。（中略）事態がまだ解決から遠く，不明瞭な段階でも，最終的にどこに向かうのかというような直観が非常に大事」「問題を大づかみに捉えて，ゴールが見えない局面でも目指す到達点をイメージできる直観である。熟達とは，将棋に限らずどのような分野でも，この直観を育てていく過程と言ってもよい」と述べていることから，2つに共通する部分を取り上げてまとめる。

問六　バードウォッチャーは，「高い木の枝にいるさまざまな種類の鳥を一瞬見ただけですぐに見

分けられる」とあり，性別を見分けられるわけではないので誤り。

問七　「追随を許さない」とは，同じ事柄について，他と比べて力が飛びぬけているさま，または後に続く人がいないほど優れているさま。

問八　Ｘ　空欄の前に，バレエダンサーの振り付けを例に出し，型にはまったシークエンスと適当なシークエンスの記憶を試した場合，「クラシックバレエのダンサーの場合は，クラシックバレエの構造をもったシークエンスの時には，なんなくシークエンスを記憶した。ランダムなシークエンスを提示された場合には初心者と記憶成績が変わらなかった」とある。これは，決まった型のなかでどれだけ美しく舞えるかを追求するのがクラシックバレエということを示している。

Ｙ　対して，「モダンバレエのダンサーの場合には，構造のあるシークエンスでも構造のないシークエンスでも初心者よりすぐれた記憶を見せた」とあることから，決まった型以外にも自由な表現を追求するのがモダンバレエであるといえる。

問九　初生雛鑑別師，バードウォッチャー，ドッグブリーダー，サルの飼育者や研究者の例を出した後，「熟達者は普通の人にはわからないほどの厳しく細やかな基準で，出来栄えのよし悪しが判断できる」とあり，熟達者に共通する点を説明している。

【二】（小説文―漢字の読み書き，脱文・脱語補充，熟語，文脈把握，内容吟味，心情，大意）

問一　Ａ　空間における角のこと。　Ｂ　自分で自分に関係の深い物事を褒めて，他人に誇ること。　Ｃ　しきりに行われること。

問二　ａ　ウルシの樹皮に傷をつけて採取した樹液に，油・着色剤などを加えて製した塗料。　ｂ　人など動物の口の上下にあり，下のほうが動いて，食物をかみ砕いたり声を出したりするのに役立つ器官のこと。　ｃ　ものが豊富にあること。

問三　会話の流れとしては，Ⅰ・Ⅲは杉山，Ⅱ・Ⅳは泰平の発言である。「殻を通して記憶が？」という泰平の言葉を受けて，杉山が発言するので，大山の鶏であった時の話をする内容がⅠに入る。その言葉を受けた泰平は，あまりに突拍子もない言葉だったので，「え？」と聞き返す言葉をⅡに入れるのが適当。残るのはイ，ウ，エだが，イの薄焼き卵の内容はウ，エの内容とは異なり，Ⅲ・Ⅳのどちらに入れても整合性がとれないことからイは除外。また話の流れの中で，ジュンサイだった時のことを話しているのは杉山なので，Ⅲにエを，「ジュンサイだったとき？」と改めて発言しているのは泰平なので，Ⅳにウを入れる。

問四　問題の一文より，料理教室が終わった箇所を探すとよい。それは，散らし寿司の盛り付けが終わって，料理が完成した所である。

問五　空欄の前に，「一度受講されたかたの再受講はご遠慮いただいております」とあることから，一生に一度かぎりという意味を表す「一期一会」を入れるのが適当。

問六　傍線部前までの会話のみを取り上げると，泰平「妻は，椎茸だったことがあるそうです」杉山「人は誰でもそうです」泰平「誰でも？」となるので，妻は椎茸だったことがある，という泰平の発言に対し，杉山は同意している。また傍線部の後，「私はいまたとえば，この卵が親鳥のおなかにあったときのことを考えているのです」とあり，さらにジュンサイだった時のことを泰平に話していることから，それぞれの食材であった時のことを思い浮かべている様子が伺える。

問七　杉山がジュンサイの話をしている間に，「散らし寿司をおいしそうに彩っていた」とあり，また「お好きなように載せてみてくださいね」という言葉を受けて，傍線部の内容となるので，散らし寿司の上に載せる具材の盛り付けにルールや法則があるわけではない，という説明となる。

重要 問八　妻のレシピ帳に，自分が椎茸だったことがある，と書かれていたのを読んだ時，「ふと考えてみると異常な感じがした。死んだ妻はひょっとして，頭がおかしかったのではないか」と感じ

ていた。

問九　妻が残してくれたノートから，料理を作ることにした泰平は孫のイトのためにも料理を振る舞う中で，「長いこと食事を作っているうちに，泰平も，料理についてだんだんわかってきたことがあった」と記されている。

【三】　（古文―口語訳，指示語の問題，仮名遣い，表現技法，大意）

〈口語訳〉　今は昔，信濃国に法師がいた。ある田舎で僧になったので，まだ受戒もせず何とかして京に上って，東大寺という所で受戒しようかと思い，やっとのことで上京して，受戒をした。さて，もとの国へ帰ろうと思ったが，「つまらぬことだ，あの仏のいないような所には帰るまい，ここに居よう」と思う心がつのって，東大寺の仏の御前に控えていて，どこかで修行してゆっくり住めるところはないかと，四方八方を見回すと，南西の方角にあたって山がかすかに見える。あそこに住んで修行をしようと思い出かけて行って，山の中で口では言い表せないほどの修行を積んで過ごしているうちに，思いがけず小さな厨子仏を授かった。毘沙門天でおわした。

問一　順接確定条件の形である「已然形＋ば」で訳は，原因・理由のときは「〜ので」，または偶然条件のときは「〜と・〜ところ」と訳す。

問二　②　前に住んでいた信濃国を，仏のいない所だと指したのである。　③　今，現在法師がいるのは東大寺のある京（みやこ）である。

問三　「ゐ・ゑ・を」は「イ・エ・オ」，語頭以外の「は・ひ・ふ・へ・ほ」は，「ワ・イ・ウ・エ・オ」となる。

問四　「ける」は，過去の助動詞「けり」の連体形。通常，文末は終止形で終わるが，係助詞「ぞ」があることで係り結びの法則に伴い，連体形となっている。

問五　東大寺から南西にある山で修行をしていたところ，厨子の中に入っていた毘沙門天を手に入れたのである。

★ワンポイントアドバイス★

漢字の問題数が比較的多く，中学校の漢字が書き問題でも出される。読解問題とともに，確実に得点できるようにしたい。

2023年度
★★★★★★★★★★★★★★★★★★★★★★

入 試 問 題

2023年度

明法高等学校入試問題

【数　学】（50分）　＜満点：100点＞

【1】　次の問に答えよ。

(1)　$5x^2y \div \left(\dfrac{5}{6}xy\right)^2 \times \left(-\dfrac{15}{4}x^2y^3\right)$ を計算せよ。

(2)　$\dfrac{x}{2} - \dfrac{4x+2}{9} - \dfrac{x-8}{6}$ を計算せよ。

(3)　$2(x-1)^2 = (x-4)^2$ を解け。

(4)　$x^2 - 6xy + 5y^2 - 3x + 15y$ を因数分解せよ。

(5)　$\dfrac{6}{\sqrt{35}} \div \dfrac{1}{\sqrt{14}} \times \left(\dfrac{7}{2\sqrt{3}} - \dfrac{\sqrt{3}}{3}\right)$ を計算せよ。

(6)　男子2人，女子3人の生徒の中からくじ引きで2人の代表を選ぶとき，男子と女子が1人ずつ選ばれる確率を求めよ。

(7)　下の図の円Oにおいて，$\overset{\frown}{AE} = \overset{\frown}{ED}$ のとき，$\angle x$ の大きさを求めよ。

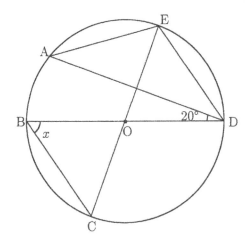

【2】　太郎と兄は，それぞれ x mの距離を走った。同時にスタートし，太郎は毎秒4m，兄は毎秒5mの速さで走ったところ，太郎は兄より y 秒遅れてゴールした。

　　そこで次に，太郎はゴール地点を20m手前に，兄は走る速さを前回の90％にして同時にスタートしたところ，太郎の遅れた時間は前回の半分になった。

　　次の問に答えよ。

(1)　x，y についての連立方程式をつくれ。

(2)　x，y の値を求めよ。

【3】 平行四辺形ABCDにおいて，辺BC上のBE：EC＝2：3となる点をEとし，辺CDの中点を
Fとする。対角線BDと，AE，AFとの交点をそれぞ
れP，Qとする。このとき，次の問に答えよ。

(1) BP：PDを求めよ。

(2) BQ：QDを求めよ。

(3) BP：PQ：QDを求めよ。

(4) 平行四辺形ABCDの面積が420であるとき，五角
形PECFQの面積を求めよ。

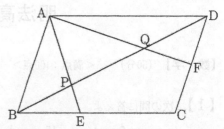

【4】 右の図のように，点A，Bは
放物線 $y = ax^2$ $(a < 0)$ 上にあり，
点Cは放物線 $y = \frac{1}{6}x^2$ 上にある。
3点A，B，Cの x 座標はそれぞれ
−2，4，6である。

また，y 軸上に y 座標が9である点
Dをとったところ，四角形ABCDは平
行四辺形となった。次の問に答えよ。

(1) 点Cの y 座標を求めよ。

(2) a の値を求めよ。

(3) △BCD＝△ABPとなるように，
放物線 $y = \frac{1}{6}x^2$ 上に点Cとは異な
る点Pをとるとき，点Pの座標を求
めよ。

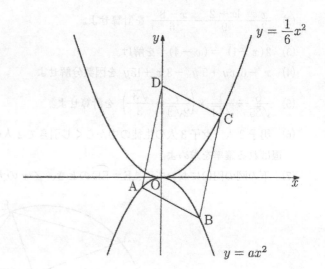

(4) 四角形ABDPの面積を求めよ。

(5) 直線ABと y 軸との交点を通り，四角形ABDPの面積を2等分する直線と，直線PCとの交点を
Qとするとき，点Qの x 座標を求めよ。

【5】 右の図は，AB＝3，BC＝4，AE＝6の直方体であ
る。

辺AE上に点Pを，∠CPF＝90°となるようにとる。次の
問に答えよ。

(1) ACの長さを求めよ。

(2) AP＝ x とおく。CF^2 を x を用いた式で表せ。

(3) PFの長さを求めよ。

(4) 三角錐P−BCFの体積を求めよ。

(5) 頂点Bから平面PCFに下ろした垂線の長さを求めよ。

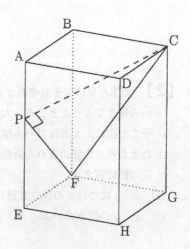

【英　語】（50分）　＜満点：100点＞

【1】 次のリスニング問題（第1部，第2部）に取り組みなさい。

[第1部]
次に放送される2人の人物による会話を聴いて，それに関する質問の答えとして最も適切なものを，選択肢(a)〜(d)のうちから1つずつ選び，記号で答えなさい。会話と質問は<u>1回だけ</u>読まれます。

問1　**What does the woman think about London?**
 (a) It is amazing. (b) It is cheap.
 (c) It is famous. (d) It is funny.

問2　**What happened to the woman?**
 (a) She did not get the pizza.
 (b) She had the wrong number.
 (c) She received a phone call from the man.
 (d) She was given the wrong number.

問3　**What does Julie say about New Year's Day?**
 (a) Her family celebrates at home.
 (b) Her family visits Hong Kong.
 (c) She does not do anything special.
 (d) She has a party.

問4　**What do you learn from the conversation?**
 (a) Badminton is a popular sport at schools in Japan.
 (b) Club members usually wait one year before playing other schools.
 (c) The woman is very interested in badminton players.
 (d) 2nd and 3rd-year students are better badminton players.

[第2部]
次に放送される英文を聴いて，それに関する質問の答えとして最も適切なものを，選択肢(a)〜(d)のうちから1つずつ選び，記号で答えなさい。英文と質問は2回読まれます。

問1　**What is the main idea of the story?**
 (a) Cafés are the best places to listen to music.
 (b) Everyone feels sleepy when listening to slow and quiet music.
 (c) Music always makes people smile.
 (d) Music has the power to influence our feelings.

問2　**If music is used well in a movie, which of the following will you probably NOT do?**
 (a) Get excited. (b) Become afraid.
 (c) Start to sleep. (d) Want to cry.

※リスニングテストの放送台本は非公表です。

【2】 次の文章を読み，問いに答えなさい。

*Stan Rosen lived in *New Bedford, Massachusetts. He stole cars and bicycles from people, and he sold them again. That was how he made a living. One day, the police caught him and sent him to *jail.

The next year, Stan was out of jail. (1) He told some people his name was Jim Rosen. He got money from them to start a business. Then he ran away with the money. After some months, the police caught him again and sent him back to jail.

The year after that, Stan was home again. He didn't have a job, and he didn't have any money. One night, he stole some money from a store. Again, the police caught him. But this time, they sent him to *Judge Kane.

Judge Kane asked Stan, "Do you want to go to jail again? Or do you want to read books?"

Stan didn't understand.

"This time," said the judge, "you can decide. There is a new course at New Bedford High School. It's for people like you. You're 27 years old. You never finished school. You don't have a job. You steal things. But (2). So you can take the course and read books with *Professor Waxler. Or you can go to jail."

Stan didn't read much. He didn't like reading! But he didn't want to go to jail again. So he decided to read books in Professor Waxler's class. "You must go to every class," said the judge. "And you must read all the books." Stan went to the first class. There were ten men in the class. (3). In the first class, they read a short story.

Professor Waxler asked, "What do you think about it?"

(4) The men said nothing. They didn't know what to say. Stan wanted to answer the questions, but he was afraid to talk. He didn't want the other men to hear him.

"Did you like the story?" Professor Waxler asked him.

"No," said Stan.

"Why not?" asked Professor Waxler.

"Because the end was (5), but life isn't happy," said Stan.

"That's not true," said another man. "Life is happy for some people, sometimes."

Then other men started talking about the story and about life. They talked for two hours. Professor Waxler told them to read a book for the next class. It was a book about a young man with many problems. 【ア】

At the next class, Professor Waxler asked again, "What do you think?" 【イ】

This time the men were not afraid to answer. They had many things to say about the book, and they talked a lot about their lives. Many of them had difficult lives with lots of problems. 【ウ】

For twelve weeks, Stan read books and talked about them. Then he had to decide again: go to class or go to jail. This time he decided quickly. 【エ】

After that, Stan took evening classes at the high school. Judge Kane helped him find a job for the daytime. The next year, he started evening classes at the university. Now Stan is a good student — and he has no problems with the police. Thanks to Judge Kane and Professor Waxler — and some (6).

(注)

Stan Rosen　スタン・ローゼン（人名）

New Bedford　ニューヘッドフォード（米国マサチューセッツ州にある都市）

jail　刑務所

Judge Kane　ケイン判事

Professor Waxler　ワックスラー教授

(A) 下線部(1)を和訳しなさい。

(B) 空所（2）に入る最も適切なものを選び，記号で答えなさい。

　ア　you like to study at school

　イ　you like to work hard

　ウ　you never hurt anyone

　エ　you never lie to anyone

(C) 空所（3）に入るよう，次の語（句）を正しい語順にしなさい。但し，先頭に来る語も小文字で与えられているので注意すること。

　all　　by　　Judge Kane　　men　　sent　　the　　were

(D) 下線部（4）から読み取れる The men の気持ちとして最も当てはまらないものを選び，記号で答えなさい。

　ア　興奮　　イ　不安　　ウ　怒り　　エ　孤独

(E) 空所（5）に入る最も適切な語を選び，記号で答えなさい。

　ア　bad　　イ　happy　　ウ　fast　　エ　sad

(F) 次の英語が来る位置は，本文中【ア】～【エ】のうちでどこが最も適切か。1箇所選び，記号で答えなさい。

　He wanted to take another class.

(G) 空所（6）に入る，本文の他の箇所でも用いられている1語を答えなさい。

(H) 本文で直接発言をした人物は合計で何名か。算用数字で答えなさい。

(I) 本文の内容を踏まえ，AとBの対話が成り立つよう英文を補いなさい。ただし，次の語句を含める（4つ以外にも必要）こと。用いる順番は次の通りとは限らない。

　使用する語(句)　　caught　　Stan Rosen　　the police　　was

　A：＿＿＿＿＿＿＿＿＿＿＿＿＿＿＿＿＿＿＿＿＿＿？

　B：Three times.

(J) 本文のタイトルとして最も適切なものを1つ選び，記号で答えなさい。

　ア　Bad Police, Good Judge

　イ　Changing Lives Through Reading

　ウ　College Education for a Better Job

　エ　Different Lives with Different Problems

【3】 次の文章を読み，問いに答えなさい。

Medicine makes us better when we are sick. From the beginning of time, people saw that some plants could help sick people get better. Eating one kind of plant could help people sleep better. By having a drink made from another plant, people could keep awake. As time went by, people found more and more plants to help with different kinds of sickness. For thousands of years, these plants were our (1) medicine.

However, people must be careful when they use plants for medicine. A plant that does (2a) things for the body can also do (2b) things.

About 200 years ago, our ideas about medicine started to change. Scientists have made many new and better kinds of medicine. They are looked at very carefully, so doctors can know if they are safe. New medicine is not all (2c), of course. They often cost a lot of money to buy, they can be too strong, and sometimes they can make you sick in a different way.

Because of this, some people still think that medicine from plants is better than other new medicine. (3)

(A) 空所（1）に入る語として最も適切な語を1つ選び，記号で答えなさい。

　　ア few 　イ only 　ウ really 　エ second

(B) 空所（2a）～（2c）に入る英語の組み合わせとして最も適切なものを選び，記号で答えなさい。

　　ア （2a） good 　（2b） bad 　（2c） bad
　　イ （2a） good 　（2b） good 　（2c） bad
　　ウ （2a） good 　（2b） bad 　（2c） good
　　エ （2a） bad 　（2b） good 　（2c） good
　　オ （2a） bad 　（2b） bad 　（2c） good
　　カ （2a） bad 　（2b） good 　（2c） bad

(C) 最終段落の空所（3）に入る英語として最も適切なものを選び，記号で答えなさい。

　　ア Plants are usually cheaper, so everyone should use them more often.
　　イ The important thing is to know what you are putting into your body.
　　ウ The best way to become healthy is to eat a lot and sleep well.
　　エ This idea is in fact correct because new medicine works better for most people.

(D) 本文の内容と合致するものを選び，記号で答えなさい。

　　ア Doctors are more helpful than new medicine.
　　イ New medicine is better than traditional medicine.
　　ウ Plant medicines are safer than new medicines because they are weak.
　　エ Some people become ill because of new medicine.

【４】　次の英作文の問いに答えなさい。

<u>日本の国技（the national sport）には何がふさわしいか。</u>次から１つ選び，英語で考えを述べなさい。

相撲（sumo）

柔道（judo）

駅伝（ekiden）

その他（具体的な競技名を挙げる）

＜条件＞

・「自分が好きだから」以外の理由を書くこと。

・「相撲」「柔道」「駅伝」「その他」のいずれを選んでも，採点上の有利不利はない。

・35語以上（短縮形やハイフンの付いた単語も１語と数えます）書きなさい。

【５】　次の設問Ａ～Ｄに答えなさい。

設問Ａ

　下線部の発音が，(i)３つとも同じ場合は○，(ii)３つとも異なる場合は×，(iii)他の２つと異なる場合はその単語を答えなさい。

(1)　s<u>o</u>ld　　　an<u>o</u>ther　　　c<u>o</u>st

(2)　finish<u>ed</u>　　　look<u>ed</u>　　　start<u>ed</u>

設問Ｂ

空所に入る最も適切な語を選び，記号で答えなさい。

(1)　A : You look sad, Mike.　What happened?

　　　B : My laptop PC is broken.　I have to buy (　　　).

　　　ア　another one　　イ　it　　　　ウ　the one　　エ　this

(2)　A : Soybeans are used for food in many ways.

　　　B : Yes, I learned that in my Home Economics class.　They are made (　　　) tofu, for example.

　　　ア　by　　　　　イ　from　　ウ　into　　　エ　of

(3)　A : Can we start the party now?

　　　B : Well, we should wait (　　　) John arrives.　He's usually on time, so he'll be here very soon.

　　　ア　by　　　　　イ　though　　ウ　until　　　エ　when

設問Ｃ

二文がほぼ同じ意味になるよう空所に入る最も適切な語を答えなさい。

(1)　We have a lot of earthquakes in Japan.

　　　(　　　)(　　　) a lot of earthquakes in Japan.

(2)　Do you remember the original writer of *Drive My Car*?

　　　Do you remember (　　　)(　　　) *Drive My Car* originally?

(3)　Let's go to Ueno Park to visit some museums next Sunday.

　　　Why (　　　)(　　　) go to Ueno Park to visit some museums next Sunday?

設問D

カッコ内の指示にしたがって書きかえなさい。

(1) Kenji started studying since 9 a.m.　He is still studying.

　　（「動作」が継続して続いていることを表す 1 文に。since 9 a.m. で終えて）

(2) Ichiro could not ask a question to his teacher because he was so shy.

　　（too … to ～ を使ってほぼ同じ意味の文に）

(3) I work with an English teacher.　She is from Canada.

　　（関係代名詞を使って 1 文に）

イ　兄の存在があったことによって、好きな将棋でとても苦しんで
いた祐也を解放しようとした。

ウ　プロを目指すほどの実力がない祐也に対して、しばらく将棋を
離れて現実を認識させようとした。

エ　祐也に将棋との向き合い方を変えさせることで、これまで遅れ
た勉強を挽回させようとした。

(2) 「取り返しのつかないこと」とはどういうことか説明せよ。

問八　本文の内容に合うものを次の中から一つ選び、記号で答えよ。

ア　祐也は、2年2ヵ月の間奨励会員として将棋を指したが、棋士に
なることに限界を感じた。

イ　祐也は、将棋を休むといいという父の言葉を聞き、見放されたよ
うに感じ、涙が止まらなくなった。

ウ　父は、2学期の中間テストで点数をさげた時、祐也に将棋をやめ
て勉強を優先してほしいと思っていた。

エ　父は、人間の価値は他人からの評価だけがすべてではないこと
を、研修会が終わった後で祐也に伝えた。

【三】　次の古文を読んで、後の問いに答えよ。

今は昔、※注桃薗と云ふは今の世尊寺なり。本は寺にも無くて有りける時
に、西宮左大臣なむ、住み給ひける。

其の時に、寝殿の辰巳の※注母屋の柱に、木の節の穴開きたりけり。夜に
成れば、其の木の節の穴より小さき児の、手を指し出でて人を招く事な
む有りける。大臣此れを聞き給ひて、いとあさましくあやしびおどろき
て、其の穴の上に③経を結び付け奉りたりけれども、尚招きければ、仏

④を懸け奉りたりけれども、招く事尚止まざりけり。此く様々すれども、必
敢へて止まず。二夜三夜を隔てて、夜半許に、人の皆寝ぬる程に、
※注而る間、或る人亦試みむと思ひて、※注征箭を一筋其の穴に指し入れたり
ければ、其の征箭の有りける限は招く事無かりければ、其の後箭柄をば
抜きて、征箭の身の限を、【　＊　】に深く打ち入れたりければ、其れよ
り後は、招く事絶えにけり。

（『今昔物語集』）

※注　桃薗……四条大宮あたりにあった桃園
　　　母屋……寝殿の庇の内側、中央部分
　　　辰巳……聖なる方位
　　　征箭……実戦用の矢
　　　箭柄……矢の柄の部分

問一　――線①で見られる古文特有のきまりのことを何と呼ぶか、答え
よ。

問二　――線②とあるが、その理由を答えよ。

問三　――線③を現代仮名遣いに直し、すべてひらがなで答えよ。

問四　――線④の主語を次の中から一つ選び、記号で答えよ。

ア　西宮左大臣　　イ　児　　ウ　仏　　エ　或る人

問五　【＊】に入る言葉として最適なものを次の中から選び、記号で答え
よ。

ア　本　　イ　夜　　ウ　穴　　エ　仏

問六　本文の内容に合うものを次の中から一つ選び、記号で答えよ。

ア　或る人が征箭を穴の上に結びつけたところ、手招きは無くなった。

イ　児の手招きは昼夜問わず起き、さまざまな対処策が実行された。

ウ　西宮左大臣は穴の中にお経を入れたが、その効果はなかった。

エ　大臣が桃薗に住んでいた時、寝殿の母屋の柱に穴が開いていた。

当なプレッシャーを感じていたんだろう」

父はそれから、ひとの成長のペースは千差万別なのだから、あわてる必要はないという意味の話をした。

千駄ヶ谷駅で総武線に乗ってからも、父は、世間の誰もが感心したり、

C＝＝
ホメそやしたりする能力だけが人間の可能性ではないのだということをわかりやすく話してくれた。

「すぐには気持ちを切り換えられないだろうが、まだ中学1年生の12月なんだから、いくらでも挽回はきく。高校は、偏差値よりも、将棋部があるかどうかで選ぶといい。そして、自分なりの将棋の楽しみかたを見つけるんだ」

ありがたい話だと思ったが、祐也はしだいに眠たくなってきた。錦糸町駅で乗り換えた東京メトロ半蔵門線のシートにすわるなり、祐也は眠りに落ちた。

（『駒音高く』佐川光晴）

※注 奨励会……新進棋士奨励会。日本将棋連盟のプロ棋士養成機関。

気魄……気迫。

三和土……土、セメントなどで固めた土間。

問一 ＝＝線A〜Cのカタカナを漢字に直せ。

問二 ＝＝線a〜cの漢字の読みをひらがなで書け。

問三 ＝＝線①とあるが、祐也がこのように思うようになったのはなぜか。最適なものを次の中から選び、記号で答えよ。

ア 両親が、自分よりも兄をかわいがっていることに不満を感じ、兄よりも愛されるためには棋士になるほかないと思ったから。

イ 勉強でも将棋でも兄に勝ったことがないため、せめて将棋だけでも努力して兄を負かしたいと思ったから。

ウ 勉強の面で兄に対して劣等感を持っており、兄と対等な立場になるためには、将棋でプロになる以外の方法はないと思ったから。

エ 兄よりも優秀な大学に進学し、さらに棋士になることで、勉強と将棋の両方で兄を超えたいと思ったから。

問四 ＝＝線②とあるが、祐也のその様子を表す五字の言葉を文中から抜き出せ。

問五 ＝＝線③とあるが、「立つ瀬がない」の意味として最適なものを次の中から選び、記号で答えよ。

ア 世間や周りの人に対して面目が保てない。

イ 追い詰められて逃げ場がない。

ウ 自分の立場にこだわらない。

エ ひどく怒られていつもの元気がない。

問六 ［Ⅰ］〜［Ⅳ］に入る最適な言葉を次の中から選び、それぞれ記号で答えよ。

ア 挽回できそうにないのか？

イ そうか。それでも最後まで最善を尽くしてきなさい

ウ 奇跡の逆転を起こしたい

エ 負けたのか？

オ 無理だと思う

問七 ＝＝線④について後の設問に答えよ。

（1）「少し将棋を休むといい」と言った父の意図として最適なものを次の中から選び、記号で答えよ。

ア 兄のように他人から賞賛されなくても、両親は祐也の個性を尊重していることを伝えようとした。

度も変える体たらくで、かつてなくみじめな敗戦だった。

4局目も、中盤の入り口で、銀をタダで取られるミスをした。祐也は大広間から廊下に出て、頭を抱えた。

「祐也」

呼ばれて顔をあげると、※注三和土に背広を着た父が立っていた。

「どうした?」

心配顔の父に聞かれて、祐也は4連敗しそうだと言った。

「そうか。それじゃあ、もう休もう。ずいぶん、苦しかったろう」

祐也は父に歩みよった。肩に手を置かれて、その手で背中をさすられた。

「　Ⅰ　」

手を離した父が一歩さがって聞いた。

「　Ⅱ　」

祐也は目を伏せた。

「　Ⅲ　」

「わかった」

父に背をむけて、祐也は大広間に戻った。どう見ても逆転などあり得ない状況で、こんな将棋にしてしまった自分が情けなかった。

10手後、祐也は頭をさげた。次回の、今年最後の研修会で1局目から3連勝しないかぎり、D1で2度目の降級点がつき、D2に落ちる。これでは奨励会試験に合格するはずがない。しかし、そんなことよりも、いまのままでは、将棋自体が嫌いになりそうで、それがなによりこわかった。

祐也はボディーバッグを持ち、大広間を出た。

※注　たたき

「　Ⅳ　」

父に聞かれて、祐也はうなずいた。そのまま二人で1階まで階段をおりて、JR千駄ヶ谷駅へと続く道を歩いていく。いきには気づかなかったが、街はクリスマスの飾りでいっぱいだった。

「プロを目ざすのは、もうやめにしなさい」

祐也より頭ひとつ大きな父が言った。

④2週間後の研修会を最後にして、少し将棋を休むといい。いまのままだと、きみは取り返しのつかないことになる。わかったね?」

「はい」

そう答えた祐也の目から涙が流れた。足が止まり、溢れた涙が頬をつたって、地面にぼとぼと落ちていく。胸がわななき、祐也はしゃくりあげた。こんなふうに泣くのは、保育園の年少組以来だ。身も世もなく泣きじゃくるうちに、ずっと頭をおおっていたモヤが晴れていくのがわかった。

「将棋をやめろと言っているんじゃない。将棋は、一生をかけて、指していけばいい。しかし、おととしの10月に研修会に入ってから、きみはあきらかにおかしかった。おとうさんも、おかあさんも、気づいてはいたんだが、将棋については素人同然だから、どうやってとめていいか、わからなかった。2年と2ヵ月、よくがんばった。今日まで、ひとりで苦しませて、申しわけなかった」

父が頭をさげた。

「そんなことはない」

祐也は首を横にふった。

「たぶん、きみは、秀也が国立大学の医学部に現役合格したことで、相

も、ふと気がつくと将棋のことを考えている。反対に、将棋を指しているときには、学校の勉強をおろそかにしていることが気になってしまう。

それでも、1学期のセイセキはそこそこ良かった。がんばれば、もっと点を取れたはずだが、8月半ばに2度目の奨励会試験をひかえていたので、祐也は期末テストの前日もネット将棋を5局も指した。

それだけに、奨励会試験には万全の態勢でのぞんだ。初日の研修会員どうしての対局はなんとか勝ち越したが、2日目の奨励会員との対戦では1勝もあげられなかった。技術よりも気魄で圧倒されて、祐也は落ちこんだ。

※注^{はく}a

②「みんな、鬼のようだった。おれは、とてもあんなふうにはなれない」

内心で白旗をあげながらも、祐也は両親と兄にむかい、来年こそは奨励会試験に合格してみせると意気込みを語った。両親と兄も、がんばるようにと言ってくれた。しかし、将棋にうそはつけない。祐也は研修会の対局でさっぱり勝てなくなった。

中学校の勉強もしだいに難しくなり、2学期の中間テストではどの教科も10点以上点数をさげた。数学と理科にいたっては赤点に近かった。

Bオドロいた両親はテストの解答用紙を見て、祐也がいかに勉強していなかったかを見抜いた。二人とも教師だけに、感情にまかせて怒鳴ることはなかったが、祐也は立つ瀬がなかった。③

「将棋と勉強を両立させてみせるというおまえのことばを信じてきたが、あれはうそだったのか」

「将棋のプロになれるかどうかが不安で勉強が手につかなかったというなら、もう将棋はさせられないぞ」

おもに父が話し、母は悲しそうな顔でじっと考え込んでいた。2学期の期末テストで点数がさらに落ちるようなら将棋はやめると、祐也は誓った。

しかし、あいかわらず、授業中には将棋のことを考えてしまい、なにも変わらなかった。あいかわらず、研修会での対局中に苦手な数学や理科のことが頭をよぎる。まさに悪循環^bで、なんでもない局面なのに迷いが生じ、つまらないミスをおかして、負けを重ねた。10月の第2日曜日には、ついに初の4連敗をきっして二度目の降級点を取り、祐也はC2からD1に降級した。

その後は持ち直したが、前回、11月第4日曜日の研修会でふたたび4連敗して、気持ちが折れた。今日も、正直に言えば、研修会にくるのがこわかった。自信を失った状態で勝てるほど、研修会の将棋は甘くない。

悪い予感は当たり、祐也は午前中の2局に連敗して降級点がついた。立ち直りのきっかけすらつかめない、最悪の内容だった。

これまでは、午前中の対局で2連敗しても、お昼に父と電話で話すうちに気力がわいた。しかし、祐也はもはや虚勢を張ることすらできなかった。

（　中略　）

やがて1時15分が近づき、ひとりまたひとりと対局場である大広間にむかっていく。祐也も桂の間を出て盤の前にすわったが、とたんに緊張しだして、呼吸が浅くなるのがわかった。

3局目の将棋も、まるでいいところがなかった。飛車を振る位置を三

問八 ――線②の説明として最適なものを次の中から選び、記号で答えよ。

ア 結婚や育児にとらわれたり、社会的地位のある立場につくことを避けて、煩わしさから逃れることが一般的な社会。

イ 他人との競争に勝つためならば自由に活動することが認められ、いくらでも金もうけをすることが許される社会。

ウ 人民が抑圧から政治的な自由を勝ち取った経緯を踏まえ、自分勝手に他人を蹴落とすことが当たり前の社会。

エ 自分本位のわがまま勝手に見えても、他人の権利は侵害しない範囲で、利益を上げる競争が認められている社会。

問九 ――線③について、筆者がこのように述べる理由として最適なものを次の中から選び、記号で答えよ。

ア 中途半端に選択を留保している状態でも、若者も老人も明るい未来の可能性が広がっているから。

イ 人生の重要な選択をする前の若者には、年寄りにはない美しく輝いた無限の可能性があるから。

ウ 職業選択をすることは他の可能性の放棄のように見えるが、放棄することで得られるものがあるから。

エ 人生の可能性は無限に広がっているので、再就職や再婚が積極的に認められるべきだと考えているから。

問十 本文の内容に合うものを次の中から一つ選び、記号で答えよ。

ア フランスでは革命後に、市民の手によって自由に関する定義づけが行われた。

イ スイスの「永世中立」とは、法律で個人生活が極度に束縛されて

ウ 福祉のために収入の25％を徴収するスウェーデンの政策は、国民の反発を生んでいる。

エ 「人民は平等」という中国が掲げる理念は、消去法的に多くの人に受け入れられた。

いる制度である。

【二】 次の文章を読んで、後の問いに答えよ。

今年の4月、祐也は中学生になった。兄の秀也は東北大学医学部に進学した。医学部は合格するのも大変だが、入学してからがさらにいそがしくなるという。じっさい、仙台での慣れない独り暮らしで、兄はかなり苦労しているようだった。それでも兄は祐也のことを気にかけて、電話のたびに、将棋も勉強もがんばるようにと励ましてくれた。

祐也は、勉強ではとても兄にかなわなかった。父も母も、それはしかたがないと思っているようなのが悔しかった。

①「絶対に棋士になってやる」

祐也は毎日のように誓ったが、負けたくない気持ちが先に立ち、思いきった将棋が指せなくなっていた。とくに自分より実力が上のC1クラスが相手だと、ほとんど勝てない。これでは、まぐれで奨励会試験に合（注※）格しても、そこから先はさらに険しい道のりになる。金剛さんも、江幡（えばた）さんも、奨励会の途中でプロになるのを断念していた。

しかし、プロの棋士になる以外に、国立大学の医学部に現役で合格した兄と肩を並べる方法はない。棋士になれば、兄に対して引け目を感じなくて済む。

中学生になってから、祐也は夜中に目をさますことが増えた。授業中

て可能性とはすべてを選択できることではなく、たったひとつを選択できるということである。結局は若者と老人はどちらもたったひとつの人生しか送ることができない。若者と老人はまるで同価値の中にいる。

ひとつの仕事を選べば、当然のようにどんな仕事でも選べるという可能性を放棄することになる。それが怖いからと言って職業を選択しなければ、いつまでたっても職業人にはなれない。逆説的だが、仕事に就かなければ、「仕事を辞める自由」もあらかじめ奪われていることになる。

こうなってくると、もはや言葉遊びだ。

つまり、③「可能性」という概念にも絶対の価値がない。「自由」と同じことだ。

「可能性」は選択して初めて「可能性」となる。「自由」は何かを背負って初めて「自由」となる。それぞれの言葉の持つ逆の行動が、その言葉に初めて価値を与える。きれいな虹は遠くから見るからこそ美しく輝くのであって、近づいて見ようとすると見えなくなる。それと同じで、「可能性」や「自由」を価値のあるものにするためには、それらを追い求めてはいけないのである。

仕事に就き、結婚もすべきだ。仕事が嫌なら辞めればよい。結婚が耐えられないなら離婚すればよい。そうして再就職しても、再婚してもよい。精神的には大きな痛手となるかもしれないが、それでも何もない人生よりはまっとうな人生である。

※注　パンク……ロック音楽の一つで、社会に対する不満や怒りを過激に表現する。

（『ひとまず、信じない』押井守）

問一　══線A～Dのカタカナを漢字に直せ。

問二　──線a～cの漢字の読みをひらがなで書け。

問三　（ⅰ）～（ⅲ）に入る最適な語を次の中から選び、それぞれ記号で答えよ。

　ア　もちろん　　イ　しかも　　ウ　つまり　　エ　では

問四　本文からは次の一文が抜けている。入るところとして最適なものを【W】～【Z】の中から選び、記号で答えよ。

　そんな考えと平等が並び立つわけがないのである。

問五　後の語群は本文中に使われている言葉である。対義語の組み合わせをつくったときに余るものを次の中から二つ選び、それぞれ記号で答えよ。

【語群】　ア　具体　　イ　現実　　ウ　実現　　エ　自由
　　　　　オ　絶対　　カ　相対　　キ　抽象　　ク　理想

問六　～～～線のように筆者が述べる理由を答えよ。

問七　──線①について、これが「誤解」と言える理由として最適なものを次の中から選び、記号で答えよ。

　ア　「自由」とは人間が勝ち得た最大の美徳だと人々が勘違いしているから。

　イ　「自由」は抑圧から解放されていく中で制限がなくなっていったから。

　ウ　「自由」「平等」を手にしても制限があることに人々が気づいたから。

　エ　「自由」「平等」の価値は相対的なもので完全には両立できないから。

自分勝手に生きて、他人を蹴落とすことが自由であるはずはない。同時に何もしない自由などというものも本来存在しない。誰もいない孤島で、「おれは自由だ」とつぶやいてみたところで、その自由には何の意味もないし、何の価値もない。

スイスでは家庭で使う洗剤からマドワクの色まで、すべて決められている。この状態は、ある種の自由人たちにはとても息苦しく感じられるだろう。「永世中立」という、これも言葉の響きだけで憧れる人は大勢いるが、スイスという社会はそういう独特のバランスの上に成り立っているのである。

（ i ）、はみ出るものを許さないという態度だ。そういう社会ではロックンローラーはいらない。※注パンクなど、もってのほかだ。しかし、社会というのはロックンローラーもいれば、まじめな勤め人もいるから成立する。多様性があって、成り立っている。多様性が確保された社会は、平等性にいくらか欠けるかもしれない。しかし、個人生活のすべてが法律で定められた、完全平等の世界よりはよほどましに思える。

（ ii ）、スウェーデンのような高福祉社会は本当に人間の理想だろうか。平等に安心の老後が訪れる社会は、確かに魅力的に映る。でも、その代償として25％の消費税率は受け入れなければならない。スウェーデンという社会は、そうやって成立しているのだ。それが理想社会だろうか。必ず不満が出てくるのではないだろうか。スイスのような国は嫌だ、スウェーデンみたいに税金を取られるのも我慢ならない、アメリカのような新自由主義社会で踏みつぶされるのはもっと耐えられない。そうなってくると、残るのは中国のような国しか

ない。少なくとも中国は新自由主義でもないし、党独裁のもとで人民は平等ということになっているが、その実態はおそらく抑圧的な社会であるに過ぎない。

自由は自己を実現するために必ず必要となる道具だ。自由は言葉だけの抽象的な概念ではなく、何らかの具体的な方法である。腕の良い職人であれば、確かな技術を持っていることが、自由に仕事を続けることにつながる。その意味で言えば、自由とは「技術」ということになる。企業の経営トップは自らの考えに従って、自由に経営判断を行うことができる。ここでは自由とはそれが許される「地位」のことである。

何かを実現するために自由は必要なのであり、自由は手段ということにほかならない。それ以上のものではないが、自己実現のためにはどうしても必要なものだ。だから、何も背負わない状態を自由とは呼べない。そこにはタッセイ感がないからである。何も背負うことができない人間は、周囲から見れば、いてもいなくてもよい人間ということだ。それは自由ではない。

誰かに必要とされる生き方と、好き勝手に生きる生き方というのは、それほどまでに違うものだ。若い人は特に、このあたりでつまずく。年寄りにはない可能性をヒめていることが、自分の価値だと誤解している。どんな人生でも自由に選べるという可能性が自分の価値だと思うから、いつまでも可能性だけを留保したいと願う。

（ iii ）若いうちはどんな人生でも選べるだろうが、選んだ後はその人生を歩むしかない。可能性をいつまでも留保するということは、いつまでも選択しないということであり、それは可能性がないということだ。可能性を担保し続けることは、可能性を殺すことなのである。そして

【国　語】　（五〇分）　〈満点：一〇〇点〉

【一】　次の文章を読んで、後の問いに答えよ。

「誰かに必要とされている」ということが、人間にとっては一番重要だということを書いた。人には必ず「自分の席」が必要だ。自分の役割があって、それが誰かの役に立っていることが、人が幸福感を得るための条件であると指摘した。

何も持たないことが自由だと勘違いしている人たちがいる。結婚したり、子どもを持ったり、会社で役職に就いたりすると、面倒を抱えることになる。だから、そんなものはない方が自由だという理屈である。

しかし、その考えが正しいとはとうてい思えない。

「自由」は人間が勝ち得た最大の美徳という言われ方がよくなされるが、特徴だ。「自由」「平等」「平和」といった概念が、①それ自体の価値によって何物にも代えられないという誤解である。それが意味することを十分にⒶギンミすることもなく、ただ、抽象的な言葉の概念だけで、それ自体の価値を犯すべきではないという思いこみ。これらが、本質的な問題を見えなくしているだけだ。

「　W　」

「自由」と「平等」に絶対の価値があるなら、それらはいずれも「絶対的に」守られるべきであるが、このふたつは両立しない。必ず矛盾を生じさせる。そうなると、どちらかの価値を毀損させてでも、片方の価値を守らなければならなくなる。その時点で、価値は絶対でなく相対的なものとなる。

「　X　」

今は自由という言葉が、競合する相手を蹴散らし、踏みつぶすための便利な言葉として使われる。新自由主義と呼ばれるものは、すべてその人の価値を毀損するわけではない。自由というものに絶対の価値があるわけではない。自由とは抽象的な概念ではなく、何かをなすための方法論的な価値でしかない。自由そのものに、最終的な価値があるわけではないのである。

「自由」そのものに絶対の価値があるように思われていく中で、制限がなくなった。好きなだけ自由にふるまって成功し、好きなだけ稼ぐべし、というのが自由の定義だ。

「　Y　」

わがまま勝手に生きたいから、自由でいたいと思うのであれば、おそらく他人の自由を毀損することになる。自由に他人の財産を奪い取り、自由に仕事を辞めれば、その分、誰かの権利を侵害することになる。

革命で自由を手にしたフランスの市民は「人間と市民の権利の宣言」で、自由とは「他者に害をなさない範囲で、あらゆることを行うことができること」と定義している。抑圧されてきた市民が王政を打倒し、政治的な自由を手に入れたときは、自由にも制限があることが認知されていた。それが「自由」そのものに絶対の価値があるように思われていく中で、制限がなくなった。

「　Z　」

「人間と市民の権利の宣言」にもある通り、自由とは他人を傷付けない範囲で何かをなすための方法である。何とか現実と折り合いをつけ、責任をきちんと取りながら、それでも自分のやり方を貫くことができる裁量が自由ということだ。

2023年度

解　答　と　解　説

《2023年度の配点は解答欄に掲載してあります。》

＜数学解答＞

【1】　(1)　$-27x^2y^2$　　(2)　$\dfrac{-x+10}{9}$　　(3)　$x=-2\pm3\sqrt{2}$　　(4)　$(x-5y)(x-y-3)$
　　　(5)　$\sqrt{30}$　　(6)　$\dfrac{3}{5}$　　(7)　$\angle x=55°$

【2】　(1)　$\dfrac{x}{4}=\dfrac{x}{5}+y$,　$\dfrac{x-20}{4}=\dfrac{2x}{9}+\dfrac{y}{2}$　　(2)　$x=1800$,　$y=90$

【3】　(1)　$2:5$　　(2)　$2:1$　　(3)　$6:8:7$　　(4)　151

【4】　(1)　6　　(2)　$-\dfrac{1}{4}$　　(3)　$\left(-9,\ \dfrac{27}{2}\right)$　　(4)　$\dfrac{165}{2}$　　(5)　$-\dfrac{7}{2}$

【5】　(1)　5　　(2)　$34+x^2+(6-x)^2$　　(3)　$3\sqrt{2}$　　(4)　12　　(5)　$\dfrac{12\sqrt{17}}{17}$

○配点○

【1】　各4点×7　　【2】　(1)　3点，4点　　(2)　各2点×2

【3】　(3)　5点　　(4)　6点　　他　各3点×2

【4】　(1)　3点　　(2)　4点　　(5)　6点　　他　各5点×2

【5】　(1)　3点　　(2)・(5)　各5点×2　　他　各4点×2　　　計100点

＜数学解説＞

【1】　（文字式の計算，2次方程式，因数分解，平方根，確率，円の性質，角度）

(1)　$5x^2y\div\left(\dfrac{5}{6}xy\right)^2\times\left(-\dfrac{15}{4}x^2y^3\right)=5x^2y\div\left(\dfrac{5xy}{6}\right)^2\times\left(-\dfrac{15x^2y^3}{4}\right)=\dfrac{-5x^2y\times36\times15x^2y^3}{25x^2y^2\times4}=$
$\dfrac{-5\times36\times15\times x^4y^4}{25\times4\times x^2y^2}=-27x^2y^2$

(2)　$\dfrac{x}{2}-\dfrac{4x+2}{9}-\dfrac{x-8}{6}=\dfrac{9x-2(4x+2)-3(x-8)}{18}=\dfrac{9x-8x-4-3x+24}{18}=\dfrac{-2x+20}{18}=\dfrac{-x+10}{9}$

(3)　$2(x-1)^2=(x-4)^2$　　$2(x^2-2x+1)=x^2-8x+16$　　$2x^2-4x+2=x^2-8x+16$　　$x^2+4x-14=0$
　　解の公式を利用する。　$x=\dfrac{-4\pm\sqrt{4^2-4\times1\times(-14)}}{2\times1}=\dfrac{-4\pm\sqrt{72}}{2}=\dfrac{-4\pm6\sqrt{2}}{2}$　　$x=-2\pm3\sqrt{2}$

(4)　$x^2-6xy+5y^2-3x+15y=(x-5y)(x-y)-3(x-5y)=(x-5y)\{(x-y)-3\}=(x-5y)(x-y-3)$

(5)　$\dfrac{6}{\sqrt{35}}\div\dfrac{1}{\sqrt{14}}\times\left(\dfrac{7}{2\sqrt{3}}-\dfrac{\sqrt{3}}{3}\right)=\dfrac{6}{\sqrt{35}}\times\dfrac{\sqrt{14}}{1}\times\left(\dfrac{7\times\sqrt{3}}{2\sqrt{3}\times\sqrt{3}}-\dfrac{\sqrt{3}}{3}\right)=\dfrac{6\times\sqrt{7}\times\sqrt{2}}{\sqrt{7}\times\sqrt{5}}\times\left(\dfrac{7\sqrt{3}}{6}-\right.$
$\left.\dfrac{2\times\sqrt{3}}{2\times3}\right)=\dfrac{6\sqrt{2}}{\sqrt{5}}\times\dfrac{7\sqrt{3}-2\sqrt{3}}{6}=\dfrac{6\sqrt{2}\times5\sqrt{3}}{\sqrt{5}\times6}=\dfrac{\sqrt{2}\times5\sqrt{3}}{\sqrt{5}}=\sqrt{30}$

(6)　男子2人をA，B，女子3人をa，b，cとすると，5人から2人を選ぶ方法は(A，B)，(A，a)，(A，b)，(A，c)，(B，a)，(B，b)，(B，c)，(a，b)，(a，c)，(b，c)の10通り。その中で男子と女子が1人ずつ選ばれるのは(A，a)，(A，b)，(A，c)，(B，a)，(B，b)，(B，c)の6通り。したがってその確率は$\dfrac{6}{10}=\dfrac{3}{5}$

(7)　$\overset{\frown}{\text{AE}}=\overset{\frown}{\text{ED}}$より，$\overset{\frown}{\text{AE}}$と$\overset{\frown}{\text{ED}}$に対する円周角は等しいので，その角を$a$とすると，$\angle\text{EDA}=\angle\text{ECD}=a$，$\text{OC}=\text{OD}$より$\angle\text{BDC}=\angle\text{ECD}=a$，$\angle\text{EDC}=\angle\text{EDA}+\angle\text{ADB}+\angle\text{BDC}=2a+20$だが，$\angle\text{EDC}$は半円に対する円周角なので90度　　$2a+20=90$　　より　　　$a=35$　　$\angle\text{BCD}$が半円に対する円

周角なので∠BCD＝90°　　△BCDについて∠CBD＋∠BDC＝90°　　$x+35=90$　　$\angle x=55°$

【2】 （連立方程式の応用，速さ）

(1) 太郎が兄よりy秒遅れてゴールしたことから，$\dfrac{x}{4}=\dfrac{x}{5}+y$…①　　次に太郎はゴール地点を20m手前にしたのでゴールするまでの時間は$\dfrac{x-20}{4}$，兄は走る速さを90％にしたのでゴールするまでの時間は$\dfrac{x}{0.9\times5}=\dfrac{2x}{9}$　　したがって，$\dfrac{x-20}{4}=\dfrac{2x}{9}+\dfrac{y}{2}$…②

(2) ①の両辺を20倍すると　　$5x=4x+20y$　　$x=20y$…①′　　②の両辺を36倍すると　　$9x-180=8x+18y$　　$x=18y+180$…②′　　①′＝②′は　　$20y=18y+180$　　$y=90$　　①′に代入すると　　$x=1800$

【3】 （相似）

(1) BE：EC＝2：3より，BE＝$2a$，EC＝$3a$とおくと平行四辺形の対辺は等しいのでAD＝$2a+3a=5a$　　AD∥BEより錯角は等しいので∠PAD＝∠PEB，∠PDA＝∠PBE　　2組の角がそれぞれ等しいので△PAD∽△PEB　　BP：PD＝BE：AD＝$2a:5a=2:5$

(2) CDの中点がFなのでDF＝FC＝bとおくと平行四辺形の対辺は等しいのでAB＝$b+b=2b$　　AB∥DCより錯角は等しいので∠QAB＝∠QFD，∠QBA＝∠QDF　　2組の角がそれぞれ等しいので△QAB∽△QFD　　BQ：QD＝AB：FD＝$2b:b=2:1$

重要▶ (3) BD＝xとおくと(1)よりBP＝$\dfrac{2x}{7}$　　(2)よりBQ＝$\dfrac{2x}{3}$，QD＝$\dfrac{x}{3}$　　BP：PQ：QD＝$\dfrac{2x}{7}:\left(\dfrac{2x}{3}-\dfrac{2x}{7}\right):\dfrac{x}{3}=\dfrac{2x}{7}:\dfrac{8x}{21}:\dfrac{x}{3}=6:8:7$

やや難▶ (4) △ABD＝$\dfrac{1}{2}\times420=210$　　△APQ＝$\dfrac{PQ}{BD}\times210=\dfrac{8}{6+8+7}\times210=\dfrac{8}{21}\times210=80$　　△ABE＝$\dfrac{2}{2+3}\times$△ABC＝$\dfrac{2}{5}\times\dfrac{1}{2}\times420=84$　　△AFD＝$\dfrac{1}{2}\times$△ACD＝$\dfrac{1}{2}\times\dfrac{1}{2}\times420=105$　　五角形PECFQ＝平行四辺形ABCD－△APQ－△ABE－△AFD＝$420-80-84-105=151$

【4】 （図形と関数・グラフの融合問題，面積）

基本▶ (1) Cは$y=\dfrac{1}{6}x^2$上の点で$x=6$なので$y=\dfrac{1}{6}\times6^2=6$　　C$(6,\ 6)$

(2) A$(-2,\ 4a)$，B$(4,\ 16a)$，C$(6,\ 6)$，D$(0,\ 9)$　　ACの中点は$\left(\dfrac{-2+6}{2},\ \dfrac{4a+6}{2}\right)=(2,\ 2a+3)$　　BDの中点は$\left(\dfrac{4+0}{2},\ \dfrac{9+16a}{2}\right)=\left(2,\ 8a+\dfrac{9}{2}\right)$　　平行四辺形の対角線は中点で交わるので，ACの中点とBDの中点は等しく$(2,\ 2a+3)$と$\left(2,\ 8a+\dfrac{9}{2}\right)$は等しい　　$2a+3=8a+\dfrac{9}{2}$　　$6a=-\dfrac{3}{2}$　　$a=-\dfrac{1}{4}$　　下に開いた放物線は$y=-\dfrac{1}{4}x^2$になる。したがって，A$(-2,\ -1)$，B$(4,\ -4)$

重要▶ (3) AD∥CBより△BCD＝△ABC　　△ABC＝△ABPとすればよい。ABを共通の底辺と考えれば，高さを等しくすれば面積も等しくなる。そのためにはAB∥PCであればよい。直線ABを$y=mx+n$とおくと，Aを通ることから　　$-2m+n=-1$…①　　Bを通ることから　　$4m+n=-4$…②　　②－①は$6m=-3$　　$m=-\dfrac{1}{2}$　　①に代入すると　　$1+n=-1$　　$n=-2$　　直線ABの式は　　$y=-\dfrac{1}{2}x-2$　　直線PCはABと平行でCを通ることから直線CDであり，$y=-\dfrac{1}{2}x+9$　　Pを$y=\dfrac{1}{6}x^2$と$y=-\dfrac{1}{2}x+9$の交点とすればよい。　　$\dfrac{1}{6}x^2=-\dfrac{1}{2}x+9$　　両辺を6倍すると　　$x^2=-3x+54$　　$x^2+3x-54=0$　　$(x+9)(x-6)=0$　　$x=6$は点Cのx座標なので点Pの$x=-9$　　$y=\dfrac{1}{6}\times(-9)^2=\dfrac{27}{2}$　　P$\left(-9,\ \dfrac{27}{2}\right)$

(4) 直線ABとy軸の交点をRとするとR$(0,\ -2)$　　四角形ABDP＝△ABD＋△ADP＝△ARD＋△BRD＋△RDP＝$\dfrac{1}{2}\times11\times2+\dfrac{1}{2}\times11\times4+\dfrac{1}{2}\times11\times9=\dfrac{1}{2}\times11\times(2+4+9)=\dfrac{1}{2}\times11\times15=\dfrac{165}{2}$

(5) 四角形RBDQ$=\frac{1}{2}\times\frac{165}{2}=\frac{165}{4}$ となればよい。四角形RBDQ$=\triangle$RBD$+\triangle$RDQ　　Qのx座標を$-q$とおくと，$\frac{1}{2}\times11\times4+\frac{1}{2}\times11\times q=\frac{165}{4}$　　$4+q=\frac{15}{2}$　　$q=\frac{7}{2}$　　$-q=-\frac{7}{2}$

【5】（空間図形の計量，三平方の定理）

基本 (1) △ABCについて三平方の定理より　　$AC^2=AB^2+BC^2=3^2+4^2=9+16=25$　　$AC=5$

(2) △ACPについて三平方の定理より　　$CP^2=AP^2+AC^2=x^2+25$　　△PEFについて三平方の定理より　　$PF^2=PE^2+EF^2=(6-x)^2+9$　　△CPFについて三平方の定理より　　$CF^2=CP^2+PF^2=x^2+25+(6-x)^2+9=34+x^2+(6-x)^2$

(3) △CFGについて三平方の定理より　　$CF^2=CG^2+FG^2=36+16=52$　　$34+x^2+(6-x)^2=52$　　$2x^2-12x+18=0$　　$x^2-6x+9=0$　　$(x-3)^2=0$　　$x=3$　　$PF^2=(6-3)^2+9=18$　　$PF=3\sqrt{2}$

(4) △BCFを底面とすると，Pから△BCFまでの距離$=$ABが高さになる。$\frac{1}{2}\times4\times6\times3\times\frac{1}{3}=12$

(5) $CP^2=9+25=34$　　$CP=\sqrt{34}$　　$\triangle PCF=\frac{1}{2}\times3\sqrt{2}\times\sqrt{34}=3\sqrt{17}$　　(4)で考えた立体の体積を，△PCFを底面として考えた時，その高さhが求めるものになる。　　$3\sqrt{17}\times h\times\frac{1}{3}=12$

$h=\frac{12\sqrt{17}}{17}$

───★ワンポイントアドバイス★───

大問はすべて導入形式になっている。(1),(2)…と解き進めていけば正解にたどりつける。最後までたどりつけなくても，すべてをあきらめるのでなく，小問を解けるだけ解いておこう。

＜英語解答＞

【1】　リスニング問題解答省略
【2】　(A) 彼は一部の人に自分の名前はジム・ローゼンだと言った。　　(B)　ウ
　　(C) All the men were sent by Judge Kane.　(D)　ア　　(E)　イ　　(F)　エ
　　(G) books　　(H)　4　　(I) How many times was Stan Rosen caught by the police　(J)　イ
【3】　(A)　イ　　(B)　ウ　　(C)　イ　　(D)　エ
【4】　(例)　I think judo should be the national sport of Japan. This is because it is traditional and many people in Japan practice or watch it. It is also popular around the world. This means that Japan can have a national sport that is international.
【5】　設問A　(1)　×　　(2) started　　設問B　(1)　ア　　(2)　イ　　(3)　ウ
　　設問C　(1) There are　　(2) who wrote　　(3) don't we　　設問D　(1) Kenji has been studying since 9 a.m.　　(2) Ichiro was too shy to ask a question to his teacher.　　(3) I work with an English teacher who is from Canada.

○配点○
【1】～【3】　各3点×20　　【4】　12点
【5】　設問A，設問B　各2点×5　　他　各3点×6　　計100点

＜英語解説＞

【1】 リスニング問題解説省略。

【2】 （長文読解問題・物語文：英文和訳，語句補充，内容吟味）

（全訳） スタン・ローゼンはマサチューセッツ州ニューベッドフォードに住んでいた。彼は人々から車や自転車を盗み，それらを再び売った。それが彼が生計を立てる方法だった。ある日，警察は彼を捕まえて刑務所に送った。

翌年，スタンは刑務所から出所した。(1)彼は何人かの人々に，自分の名前はジム・ローゼンだと言った。彼はビジネスを始めるために彼らからお金をもらった。それから彼はお金を持って逃げた。数か月後，警察は彼を再び逮捕し，刑務所に送り返した。

その翌年，スタンは再び家に帰った。彼には仕事がなく，お金もなかった。ある夜，彼は店からいくらかのお金を盗んだ。再び，警察は彼を捕らえた。しかし今回，彼らは彼をケイン判事に送った。

ケイン判事はスタンに「また刑務所に行きたいだろうか？ それとも本を読みたいだろうか？」と尋ねた。

スタンは理解できなかった。

「今回は」と判事は言った。「君が決めることができるんだ。ニューベッドフォード高校に新しいコースがある。それは君のような人のためのものだ。君は27歳だ。君は学校を卒業したことがない。君には仕事がない。君を物を盗む。(2)しかし君は人を傷つけない。だから，君はコースを受講して，ワックスラー教授と一緒に本を読むことができます。それとも，刑務所に行くこともできるがね。」

スタンは本をあまり読まなかった。彼は読書が好きではなかった！ しかし，彼は再び刑務所に行きたくはなかった。それで，彼はワックスラー教授のクラスで本を読むことに決めた。スタンはファーストクラスに行った。そのクラスには10人の男性がいた。(3)男性たちはすべてケイン判事によって送られたのだった。最初の授業では，彼らは短編小説を読んだ。

ワックスラー教授は「それについてどう思うかね。」と尋ねた。

(4)男たちは何も言わなかった。彼らは何を言うべきかわからなかった。スタンは質問に答えたかったが，話すことを恐れていた。彼は他の男たちに彼の声を聞かれたくなかったのだ。

「その話は気に入ったかな？」ワックスラー教授は彼に尋ねた。

「いいえ」とスタンは言った。

「どうしてかな？」ワックスラー教授は尋ねた。

「終わり方が(5)幸せだったけど，人生は幸せじゃないからね。」とスタンは言った。

「それは違うぜ。」と別の男が言った。「人生はある人たちにとっては時に幸せなものさ。」

その後，他の男性が物語や人生について話し始めた。彼らは2時間話した。ワックスラー教授は彼らに，次の授業のために本を読むように言った。それは多くの問題を抱えた若者についての本だった。

次の授業で，ワックスラー教授は再び「あなたたちはどう思うだろうか？」と尋ねた。

今回，男性たちは恐れずに答えた。彼らはその本について言いたいことがたくさんあり，自分たちの生活についてたくさん話した。彼らの多くは，多くの問題を抱えた困難な生活を送っていたのだった。

12週間にわたってスタンは本を読み，それらについて話した。それから彼は再び決断しなければならなかった：授業に出るか，刑務所に行くか。彼は今回はすぐに決めた。【エ】彼は別の授業を受講したかった。その後，スタンは高校で夜の授業を受けた。ケイン判事は彼が昼間の仕事を見つけ

るのを手伝った。次の年，彼は大学で夜の授業を受けた。現在，スタンは優秀な学生である―そして彼は警察と何も問題を起こしていない。ケイン判事とワックスラー教授のおかげだ―そして何冊かの(6)本のおかげでもある。

(A) told の後に接続詞の that があるが省略されている。〈 tell A that … 〉で「Aに…ということを言う」という意味になる。

(B) スタンは逮捕されたが厳しい刑を受けずにすんでいるので，ウが答え。 ア 「君は学校で勉強するのが好きだ」 スタンの人物像に合わない。 イ 「君は熱心に働くのが好きだ」 スタンは働くことをしなかった。 エ 「君は決して誰にもウソを言わない」 お金を持って逃げたことがある。

(C) 受動態の文なので〈be 動詞＋過去分詞〉という形にする。

(D) 当てはまらないものを選ぶことに注意する。犯罪を犯した男たちが短編小説を読まされたという場面である。喜んだりわくわくしたりするはずがないので，アが答え。

(E) 直後の部分の内容に合うので，イが答え。ア「悪い」，ウ「速い」，エ「悲しい」

(F) スタンが新しい授業を取ることを決める，という内容にふさわしい場面を選ぶ。

(G) スタンを大きく変えたのは読書をする授業を受けたことなので，「本」が答え。

(H) 発言をした人は順に，ケイン判事，ワックスラー教授，スタン，授業にいた他の男，の4人である。

(I) 「3回です」と答える。使用する語句を見ると「捕まえられた」，「スタン・ローゼン」，「警察」などとあるので，「スタン・ローゼンは何回警察に捕まえられたか」とする。

重要 (J) ア 「悪い警察，よい判事」「悪い警察」という内容は書かれていない。 イ 「読書を通じて生活を変える」 スタンが経験したことに合うので，答え。 ウ 「よりよい仕事のための大学教育」 仕事を得るための教育がなされたわけではない。 エ 「様々な問題があるさまざまな人生」 スタンの人生について書かれている。

【3】 （長文読解問題・説明文：語句補充，内容吟味）

（全訳） 病気のとき，薬は私たちを良くしてくれる。太古の昔から，一部の植物が病気の人の回復に役立つことがわかっていた。ある種類の植物を食べると，人々はよりよく眠れるようになる。別の植物から作られた飲み物を飲むことで，人々は目を覚まし続けることができた。時が経つにつれて，人々はさまざまな種類の病気に役立つ植物をますます見つけた。何千年もの間，これらの植物は私たちの(1)唯一の薬だった。

ただし，植物を薬として使用する場合は注意が必要だ。体に(2a)良いことをする植物は，(2b)悪いこともするからだ。

約200年前，私たちの薬に対する考え方が変わり始めた。科学者たちは，多くの新しくより良い種類の薬を作った。それらは非常に慎重に検査されるため，医師はそれらが安全かどうかを判断できる。もちろん，新しい薬がすべて(2c)良いわけではない。それらはしばしば購入するのに多額の費用がかかり，強すぎる可能性があり，また時には別の方法であなたを病気にする可能性がある。

このため，植物からの薬は他の新薬よりも優れていると考える人がいまだにいる。(3)大切なのは，あなたが自分の体の中に何を入れようとしているかを知ることだ。

(A) 古い時代には植物から作られた薬しかなかったことを表しているので，イが答え。

(B) 全訳参照。

(C) 新しい薬が必ずしもよくないということが書かれているので，イが答え。 ア 「植物はふつう安いので，誰もがそれらをもっとよく使うべきだ。」 値段だけを問題にしているわけではない。 ウ 「健康的になる最善の方法はたくさん食べてよく眠ることだ。」 薬に関することでは

ない。　エ　「新しい薬はほとんどの人々によく効くので，この考えは実際正しい。」　直前の内容に合わない。

重要　(D)　新しい薬について「あなたを病気にする可能性がある」とあるので，エが答え。　ア　「医師は新しい薬より役に立つ。」　医師が役に立つとは書かれていない。　イ　「新しい薬は伝統的な薬より良い。」　新しい薬は必ずしも良くないと書かれている。　ウ　「植物の薬は弱いので新しい薬より安全である。」　文中に書かれていない。

【4】　（条件英作文問題）

英作文を書くときは，指示された条件をよく守ることが重要である。ここでは，いずれかのスポーツを選び，35字以上で書くと決められているので，この指示は必ず守るようにする。また，あまり難しいことを書こうとせず，わかりやすい内容を簡単な英文で書くようにすると，誤りによる減点を防ぐことができる。

【5】　（発音問題，語句補充問題，書き換え問題）

設問A　(1)　[sóuld] [ənʌ́ðəɾ] [kɔ́st]　　(2)　[fíniʃt] [lúkt] [stɑ́ɾtid]

設問B　(1)　A　「マイク，悲しそうですね。どうしましたか？」　B　「私のラップトップコンピューターが壊れました。別のものを買わねばなりません。」「同じ種類のもの」という意味を代名詞で表す場合，it ではなく one を用いる。　　(2)　A　「大豆は多くの方法で食べ物に使われます。」　B　「はい，家庭科で習いました。例えば豆腐になります。」〈 be made into ~ 〉で「~に作り変えられる」という意味を表す。　　(3)　A　「さあ，パーティーを始めましょう。」　B　「ええと，ジョンが来るまで待たねばなりません。彼はいつも時間を守るので，すぐにここに来るでしょう。」　until は「~までずっと」という意味を表す。

設問C　(1)　「日本は地震が多い。」〈 there is（are）~ 〉は「~がある」という意味を表し，haveを使って書きかえることができる場合がある。　　(2)　「あなたは『ドライブ・マイ・カー』の原作者を覚えていますか。」→「あなたは誰が『ドライブ・マイ・カー』を元々書いたか覚えていますか。」　疑問詞の who が主語になるので，直後には動詞がくる。　　(3)　「来週の日曜日に，美術館を訪れるために上野公園へ行きましょう。」〈 why don't we ~? 〉は「いっしょに~しましょう」という勧誘の意味を表す。

基本　設問D　(1)　「ずっと~している」という意味は，現在完了の継続用法で表す。　　(2)　〈 too ~ to … 〉で「…するには~すぎる」という意味を表す。　　(3)　teacher を先行詞にして，主格の関係代名詞を用いて作る。

――★ワンポイントアドバイス★――

【5】設問D(2)には〈 too ~ to … 〉が使われているが，これは〈 so ~ that S can't … 〉（とても~なので S は…できない）で書き換えられる。これを書き換えると Ichiro was so shy that he could not ask a question to his teacher. となる。

＜国語解答＞

【一】 問一 A 吟味　B 窓枠　C 達成　D 秘　問二 a つらぬ　b ことう
c だいしょう　問三 i ウ　ii エ　iii ア　問四 Y　問五 ウ・エ
問六 （例）「自由」は自己実現の手段として必要であるが，それはあくまで手段にすぎ
ないため達成感がなく，何かを背負うことで初めて「自由」となって自己実現が可能にな
るから。　問七 エ　問八 イ　問九 ウ　問十 ア

【二】 問一 A 成績　B 驚　C 褒[誉]　問二 a あっとう　b あくじゅんかん
c かざ　問三 ウ　問四 虚勢を張る　問五 ア　問六 Ⅰ ア　Ⅱ オ
Ⅲ イ　Ⅳ エ　問七 （1） イ　（2） （例） 勉強の面で優秀な兄に将棋で対抗
しようとするプレッシャーにつぶされて，心を病んで勉強や将棋どころではなくなって
しまうこと。　問八 エ

【三】 問一 係り結び（の法則）　問二 （例） （夜になると，）柱の穴の中から小さい子供が手
を出して人を招くから　問三 ゆいつけ　問四 ア　問五 ウ　問六 エ

○配点○
【一】 問一・問三・問五　各2点×9　問二　各1点×3　問四・問七　各3点×2
問六　8点　他　各4点×3
【二】 問一・問五　各2点×4　問二　各1点×3　問三・問四　各3点×2　問七（2）　6点
他　各4点×3（問六完答）
【三】 問二　6点　問六　4点　他　各2点×4　計100点

＜国語解説＞
【一】 （論説文―漢字の読み書き，接続語の問題，文章構成，対義語，脱文補充，文脈把握，内容吟味，
大意）

問一　A 「吟味」とは，物事を念入りに調べること。また，罪状を調べただすこと。　B 「窓枠」
とは，窓の周囲の枠。　C 「達成感」とは，あることを成し遂げたことによって得られる満足
感。　D 「秘めている」とは，外面には表れないが，隠れた内奥の部分に持っているさまを表
す表現。

問二　a 「貫く」とは，こちら側から反対側まで突き通ること。また，考えや態度などを変えるこ
となく保ち続けること。　b 「孤島」とは，陸や他の島から遠く離れて，海上にただ一つある
島。　c 「代償」とは，本人に代わって償いをすること。また，他人に及ぼした損害の償いとし
て，その代価を払うこと。

問三　i スイスでは洗剤や窓枠の色まで決められていることについて，空欄の前後には「ある種
の自由人たちにはとても息苦しく感じられ」また，「はみ出るものを許さないという態度」とあ
ることから，言い換えの接続詞「つまり」が入る。　ii スイスのような社会を，「個人生活の
すべてが法律で定められた，完全平等の世界」として捉えた後，空欄の後はスウェーデンの社会
について説明しているので，話題を転換する接続詞「では」が適当。　iii 空欄の前後に，若い
人は，「どんな人生でも自由に選べるという可能性が自分の価値だと思うから，いつまでも可能
性だけを留保したいと願う」「若いうちはどんな人生でも選べる」とあることから，前の内容を
後でも肯定する「もちろん」が入る。

問四　抜けている一文の中に「そんな考え」とあることに注目する。筆者は，自由と平等は両立せ

ず，必ず矛盾が生じるものだと述べている。「そんな考えと平等が」とあることから，「そんな考え」とは，自由についての考えである。よって，その内容が述べられている後に入れる【Y】が適当。

問五　ア「具体」（物事が，直接に知覚され認識されうる形や内容を備えていること）とキ「抽象」（事物または表象からある要素・側面・性質をぬきだして把握すること），イ「現実」（いま目の前に事実として現れている事柄や状態）とク「理想」（人が心に描き求め続ける，それ以上望むところのない完全なもの。そうあってほしいと思う最高の状態），オ「絶対」（他に比較するものや対立するものがないこと。また，他の何ものにも制約・制限されないこと）とカ「相対」（他との関係の上に存在，あるいは成立していること）はそれぞれ対義語となるので，余りはウ「実現」とエ「自由」である。

重要 問六　「何かを実現するために」から始まる段落に，自由は手段であり，「自己実現のためにはどうしても必要なもの」としている。また，何も背負わない状態であれば達成感はなく，自由と呼ぶことはできないとし，「何も背負うことができない人間は，周囲から見れば，いてもいなくてもよい人間ということ」と誰かに必要されることで，初めて「自由」となって自己実現を叶えることができると筆者は主張している。

問七　傍線部の前後に，「『自由』そのものに絶対の価値があるわけではない。自由とは抽象的な概念ではなく，何かをなすための方法論的な価値でしかない」「『自由』と『平等』に絶対の価値があるなら，それらはいずれも『絶対的に』守られるべきであるが，このふたつは両立しない。（中略）どちらかの価値を毀損させてでも，片方の価値を守らなければならなくなる。その時点で，価値は絶対でなく相対的なものとなる」と言うように，「自由」「平等」は方法論的な価値にもかかわらず，絶対的な価値あるものとみなす時点で，両立は不可能となり，相対的なものとなると述べている。

問八　文章の中で，自由について定義しているのは「今は自由という言葉」から始まる段落である。そこには，「競合する相手を蹴散らし，踏みつぶすための便利な言葉として使われる。新自由主義と呼ばれるものは，すべてそのようなものだ。好きなだけ自由にふるまって成功し，好きなだけ稼ぐべし」と述べ，アメリカの新自由主義を表現している。

問九　「（　ⅲ　）」から始まる段落に，「可能性を担保し続けることは，可能性を殺すことなのである。そして可能性とはすべてを選択できることではなく，たったひとつを選択できるということ」とある。ひとつの仕事を選べば，どんな仕事でも選べるという可能性を放棄することにはなるものの，仕事に就かなければ働くことはできず，また可能性を放棄したというよりも，むしろ一つを選択する可能性を得たと言うことができるとする。

問十　「革命で自由を手にした」から始まる段落に，フランス革命によって「市民は『人間と市民の権利の宣言』で，自由とは『他者に害をなさない範囲で，あらゆることを行うことができること』と定義」がされ，「抑圧されてきた市民が王政を打倒し，政治的な自由を手に入れたときは，自由にも制限があることが認知されていた」と市民によって自由の定義がなされたとしている。

【二】　（小説文—漢字の読み書き，文脈把握，心情，慣用句，文章構成，脱文補充，内容吟味，大意）
問一　Ａ「成績」とは，成し遂げた仕事，学業の評価や試験などの結果。　Ｂ「驚いた」とは，意外な思いがけないことに遭遇し，びっくりした状態。　Ｃ「褒（誉）めそやす」とは，みんなで盛んにほめるという意味。

問二　ａ「圧倒」とは，際立った優れた力で相手を押さえつけること。また，その力が他を恐れさせること。　ｂ「悪循環」とは，ある事柄が他の悪い状態を引き起こし，それがまた前の事柄に悪影響を及ぼす関係が繰り返されて，事態がますます悪くなること。　ｃ「飾り」とは，美しく

装うこと。

問三　傍線部にある「棋士」とは、将棋のプロ棋士のことである。傍線部の前に、「祐也は、勉強ではとても兄にかなわなかった。父も母も、それはしかたがないと思っているようなのが悔しかった」とあり、父母に対して見返す気持ちでプロ棋士を目指していたことが伺える。また、傍線部の後には「プロの棋士になる以外に、国立大学の医学部に現役で合格した兄と肩を並べる方法はない。棋士になれば、兄に対して引け目を感じなくて済む」とあることから、兄に対してもコンプレックスを持っており、プロ棋士になることによって、兄と対等になれると思っている。

問四　傍線部では、心の中では、研修会での対局に気負い、自分には到底無理だと思いつつも、両親や兄に向かっては奨励会試験の合格を強く意気込んで語っている。このように、自分の弱い所を隠して、上辺だけの威勢を示す言葉を文章中から抜き出す。

問五　「立つ瀬がない」とは、世間に対して面目が保てないということ。「瀬」とは、川の水が浅くて、歩いて渡れる所のことで、「立つ瀬」は立っているべき所、立場を意味する。

問六　選択肢の中で、祐也のセリフはⅡにしか入らず、また将棋の内容を説明しているので、ウ「奇跡の逆転を起こしたい」とオ「無理だと思う」のどちらかである。「目を伏せる」とは、気まずい気持ちや後ろめたい気持ちから、相手の目を直視することができず、思わず視線を下に向けてしまうこと。よって後ろ向きに発言をしたと考え、Ⅱにはオが適当。Ⅰには「無理だと思う」という文言から、ア「挽回できそうにないか？」が適当。「挽回」とは、失ったものを取り戻し、元の状態に戻すこと。ここでは、将棋の形勢について述べている。Ⅲには、「無理だと思う」という祐也に対し、それでもイ「そうか。それでも最後まで最善を尽くしてきなさい」と送り出している父の発言と読み取れる。Ⅳは父の発言であるが、事前に祐也が言っていた通り、将棋の対局に負けてしまったのであるが、そのことをもう一度確認している、エ「負けたのか？」が適当。

問七　(1)　傍線部の後に、「『たぶん、きみは、秀也が国立大学の医学部に現役合格したことで、相当なプレッシャーを感じていたんだろう』父はそれから、ひとの成長のペースは千差万別なのだから、あわてる必要はないという意味の話をした」とあることから、兄の存在に祐也が焦り、その焦りから自分の将棋を指すことができていないと感じていた。だから、焦ることなく自分のペースで歩むことで、無理に将棋を指す苦しさから祐也を解き放ちたいと考えたのである。

重要　(2)　(1)で取り上げた文章を含め、また「すぐには気持ちを切り換えられないだろうが、まだ中学1年生の12月なんだから、いくらでも挽回はきく。高校は、偏差値よりも、将棋部があるかどうかで選ぶといい。そして、自分なりの将棋の楽しみかたを見つけるんだ」と兄に対する重圧で勉強も将棋も駄目になってしまうことを恐れ、ここで一旦整理をする必要があると判断している。

問八　父は研修会が終わって電車に乗った後、「世間の誰もが感心したり、褒めそやしたりする能力だけが人間の可能性ではないのだということをわかりやすく話してくれた」とあることから、他人から認められることが全てではないと祐也に話したのである。

【三】　（古文―表現技法、口語訳、文脈把握、仮名遣い、脱語補充、大意）

〈口語訳〉　今は昔、桃園という所は今の世尊寺でした。元々は寺でなかった時に、西宮の左大臣がお住みになられていました。その時に、寝殿の聖なる方位にある母屋の柱に、木に節穴が開いていました。夜になると、その木の節穴から小さい子どもが、手を指し出してきて人を招くことがありました。大臣はこれをお聞きになられて、なんとも奇妙なことだと驚き、その節穴の上に経を結びつけて申しなさったけれど、それでも招いたので、仏の絵像をお掛けなされたけれど、招くことはそれでも止みませんでした。このようにしていろいろ試みても止まずに、二晩三晩を置いて、夜半

に，人が寝静まった頃に，必ず招くのでした。

　そうするうちに，ある人が試してみようと思って，征箭を一本その節穴に指し入れてみたら，その征箭がある時は招くことはなかったので，その後で矢の柄の部分を抜いて，征箭のやじりを，穴に深く撃ち込んだ所，その後は，手が招くことが絶えて無くなりました。

問一　文中に「なむ」(係助詞)が出て，文末の活用形が連体形になることを係り結びと呼ぶ。文の内容を強調するために用いられる。

重要　問二　傍線部の前より，大臣は西宮の寝殿の聖なる方位にある母屋の柱に，開いている節穴から，夜になると，小さい子どもが手を差し出てきて，人を招くことがあったと聞いたのである。

問三　語頭以外の「は・ひ・ふ・へ・ほ」は，「ワ・イ・ウ・エ・オ」となる。

問四　節穴からの手の招きを何とかしようと思い，大臣は仏の絵像をお掛けになられたが，それでも止めることはできなかったのである。

問五　征箭を節穴に指し入れている間は手を招くことはなかったので，征箭のやじりだけを，穴に深く撃ち込んだ。

問六　本文は，大臣が住んでおられた寝殿の母屋の柱に，不思議な節穴が開いていたことから始まるエピソードである。

────★ワンポイントアドバイス★────

　漢字の問題数が比較的多く，中学校の漢字が書き問題でも出される。読解問題とともに，確実に得点できるようにしたい。

2022年度
★★★★★★★★★★★★★★★★★★★★★

入 試 問 題

2022年度

明法高等学校入試問題

【数　学】　(50分)　〈満点：100点〉

【1】　次の問に答えよ。

(1) $\left(\dfrac{2}{3}xy\right)^3 \div \left(-\dfrac{4}{3}x^3y\right) \times (-6xy)^2$　を計算せよ。

(2) 1次方程式　$\dfrac{3x+1}{10} = \dfrac{4x-5}{18} + \dfrac{2}{5}$　を解け。

(3) 2次方程式　$3(x-1)(x+4) = 2(x+2)^2$　を解け。

(4) $(3x-y)^2 - 4(3x-y) - 5$　を因数分解せよ。

(5) $\dfrac{\sqrt{27}}{\sqrt{2}} + \dfrac{\sqrt{6} \times \sqrt{15}\,(\sqrt{10} - \sqrt{5})}{2\sqrt{3}}$　を計算せよ。

(6) 大小2つのさいころを同時に投げたとき，出た目の和が7以上の奇数になる確率を求めよ。

(7) 下の図の円Oにおいて，∠xの大きさを求めよ。

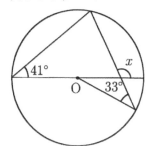

【2】　ある商店では，2種類の品物A，Bを，Aは1個につき400円，Bは1個につき600円で仕入れ，どちらにも原価の2割増しの定価をつけて販売している。

　　あるとき，仕入れ総額48400円でA，Bをそれぞれ何個かずつ仕入れて販売したが，Aは仕入れた個数の$\dfrac{1}{8}$が，Bは$\dfrac{1}{6}$が売れ残った。そこで，残った品物を定価の半額で売って，全部売りつくしたところ，利益は5240円であった。

　　Aを仕入れた個数をx個，Bを仕入れた個数をy個として，次の問に答えよ。

(1) x，yについての連立方程式をつくれ。

(2) x，yの値を求めよ。

【3】 下の図のように，平行四辺形ABCDにおいて，点P，Rはそれぞれ辺BC，AD上にあり，BP：PC＝DR：RA＝1：3である。また，点Tは辺CD上にあり，CT：TD＝1：2である。直線PRと，ATおよび辺CDの延長との交点をそれぞれQ，Sとする。このとき，次の問に答えよ。

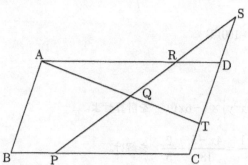

(1) PR：RS を求めよ。

(2) PQ：QR：RS を求めよ。

(3) 面積の比 △SRD：四角形PCTQ を求めよ。

【4】 下の図のように，2つの放物線$y=-x^2$と$y=ax^2$があり，原点を通る直線ℓが2点A，Bでそれぞれの放物線と交わっている。

　　A，Bのx座標がそれぞれ-1，2であるとき，次の問に答えよ。

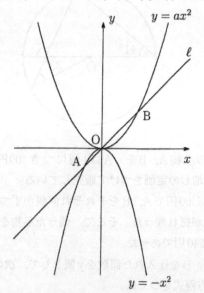

(1) 直線ℓの式を求めよ。

(2) aの値を求めよ。

(3) △ABCの面積が6となるy軸上の点をC$(0,\ t)$とする。tの値を求めよ。ただし，$t>0$とする。

(4) 点Aを通り，△ABCの面積を2等分する直線をmとする。直線mの式を求めよ。

(5) 直線mとBCとの交点をDとする。△ADB＝△ADEとなるように放物線$y=ax^2$上に点Eをとるとき，点Eのx座標をすべて求めよ。ただし，点Eは点B以外の点とする。

【5】 下の図のような，直方体 ABCD－EFGH の辺 AD の中点を L とし，長方形 CGHD の対角線の交点を M とする。

　　AB＝6，AD＝10，DH＝8 とするとき，次の問に答えよ。

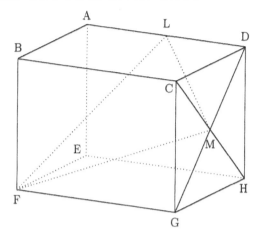

⑴ AF の長さを求めよ。

⑵ LM，MF の長さをそれぞれ求めよ。

⑶ △LFM の面積を求めよ。

⑷ 三角錐 B－LFM の体積を求めよ。

⑸ 面 AEGC と LF，FM の交点をそれぞれ P，Q とするとき，三角錐 B－PFQ の体積を求めよ。

【英　語】（50分）〈満点：100点〉

【　1　】　次のリスニング問題（第1部，第2部）に取り組みなさい。

［第1部］

次に放送される2人の人物による会話を聴いて，それに関する質問の答えとして最も適切なものを，選択肢(a)～(d)のうちから1つずつ選び，記号で答えなさい。会話と質問は2回読まれます。

問1　**How did David lose his phone?**

(a)　He has not seen it since last month.

(b)　He left it on a train.

(c)　When he was getting on a train.

(d)　While he was in Shibuya.

問2　**What is Luize's email address?**

(a)　lzgoldrich1919@meiho.gmail.jp

(b)　lzgoldrich1990@meiho.gmail.jp

(c)　lzgoldrich9019@meiho.gmail.jp

(d)　lzgoldrich9090@meiho.gmail.jp

問3　**What will probably happen next?**

(a)　Mr. Smith will ask the woman to repeat the question.

(b)　Mr. Smith will tell the woman why he has come to Yamanashi.

(c)　The woman will ask Mr. Smith why he wants to leave so soon.

(d)　The woman will take Mr. Smith to see some places.

問4　**How much will the man pay?**

(a)　700 yen.　　(b)　1,050 yen.　　(c)　1,500 yen.　　(d)　2,500 yen.

［第2部］

次に放送される英文を聴いて，それに関する質問の答えとして最も適切なものを，選択肢(a)～(d)のうちから1つずつ選び，記号で答えなさい。英文と質問は2回読まれます。

問1　**What can you do at the Ice Hotel?**

(a)　Enjoy musical shows.

(b)　Take hot baths.

(c)　Have a barbecue dinner.

(d)　See a movie.

問2　**What do you learn from the story?**

(a)　How the Ice Hotel started.

(b)　What makes the Ice Hotel special.

(c)　When you can enjoy a stay at the hotel cheaply.

(d)　Why the Ice Hotel is made of snow and ice.

※リスニングテストの放送台本は非公表です。

【　2　】　次の文章を読み，問いに答えなさい。

> 次の英文は，二人の大学生RubyとAllyに起きた「偶然」について，その学生たちから聞き取りをしたラジオパーソナリティが番組で語ったものである。

Two strangers sat next to each other on a campus bus in a small town in *Virginia recently and started a conversation. Ruby Wierzbicki is 19 years old and a *freshman at Liberty University. Ally Cole is 21 and a second-year student.

"(1)I like small talk," Ally told us this week. "You learn things."

The students began by asking, "What's your *major?"

Sports science for Ruby, graphic design for Ally.

"Where are you from?" followed. Ruby is from *New Jersey, Ally from *Maryland.

Ally asked . . . , "(2)Originally?" Both young women are Asian.

"Actually," said Ruby, "I was born in China. I was in an *orphanage and *adopted."

"Me, too," Ally told her. "Do you know what orphanage?"

Which orphanage they lived in is often one of the few small pieces of information (　3　) their early lives. They usually do not know who their *birth mother is. Many mothers have babies secretly because of China's one-child *policies that lasted until 2015. Some mothers left their children near roads or in front of public buildings because they hoped they would be picked up by kind, loving hands and brought to orphanages.

Ally and Ruby said, almost at the (　4　) time, "I was in *the Jinan Social Welfare Institute." This surprise sent each young woman to her (　5　). Ally was six when she was adopted. Ruby was (　6　). And their families were given orphanage photos on *flash drives.

Ruby showed a picture of herself as a young child on a blue slide at the orphanage. Ally thought the slide looked familiar — she had photos of the same slide and the same playground toys and clothing.

Ally found a group photo and pointed to a little girl in an orange jacket.

"That's (　7a　)," she said. Ruby pointed to the child next to her in a yellow coat.

"And that's (　7b　)," she said.

They've found more photos of the two of them next to each other at the Jinan Social Welfare Institute. Ally and Ruby were adopted only with a week difference. And now they've met again, 15 years later and 11,000 kilometers away, special friends for life.【ア】

Ally and Ruby told us this week, "We see *God's fingerprints all over this.【イ】" Ally said, "I don't know much about my past.【ウ】 At the same time, however, a part of me has always wondered about it.【エ】"

Two strangers got on a bus in Virginia and found out: They're not really (　9　).

(注)　Virginia　バージニア(米国南東部にある州)　　freshman　1年生
　　　　major　〈大学で主に学ぶ分野を指して〉専攻　　New Jersey　ニュージャージー(米国北東部にある州)
　　　　Maryland　メリーランド(米国北東部にある州)　　orphanage　孤児院　　adopt　〜を養子にする
　　　　birth mother　生みの母　　policy　政策

the Jinan Social Welfare Institute　済南市社会福利院（中国山東省済南市にある社会福祉センター）

flash drives　USBメモリ　　God's fingerprint　神の思し召し

(A)　下線部(1)を和訳しなさい。

(B)　下線部(2)から読み取れるアリーの気持ちに最も近いものを選び，記号で答えなさい。
　　　ア　安心　　　　イ　懐疑　　　ウ　歓喜　　　　エ　失望

(C)　空所（　3　）に入るよう，次の語(句)をすべて用い，正しい語順にしなさい。
　　　about　　　adopted from　　　children　　　China　　　know

(D)　空所（　4　）に入る最も適切な語を選び，記号で答えなさい。
　　　ア　different　　　イ　first　　　ウ　last　　　エ　same

(E)　空所（　5　）に入る最も適切な語を選び，記号で答えなさい。
　　　ア　home　　　イ　park　　　ウ　phone　　　エ　school

(F)　空所（　6　）に入る適切な数字を英単語で答えなさい。

(G)　空所(7a)，(7b)に入る英語の組み合わせとして最も適切なものを選び，記号で答えなさい。
　　　ア　(7a)　me　　　(7b)　me
　　　イ　(7a)　me　　　(7b)　you
　　　ウ　(7a)　you　　　(7b)　me
　　　エ　(7a)　you　　　(7b)　you

(H)　次の英語が来る位置は，本文中【ア】〜【エ】のうちでどこが最も適切か。1箇所選び，記号で答えなさい。
　　　This is something I've always been OK with.

(I)　空所(9)に入る最も適切な1語(名詞)を答えなさい。

(J)　本文の内容と合致するものを1つ選び，記号で答えなさい。
　　　ア　Adopted children usually had photos from their Chinese orphanages.
　　　イ　It was something special to see classmates on the bus in a small town in America.
　　　ウ　Long ago, children who lost their homes in China often walked to an orphanage.
　　　エ　Ruby left China for America one week earlier than Ally.

【　3　】　次の文章を読み，問いに答えなさい。

*Tropical *cyclones are called *typhoons in Asia and *hurricanes in North and South America. These *storms go around like a *wheel turning to the left and have wind speeds of 60 kph or more. In the United States, the National Hurricane Center in *Florida keeps an eye out for hurricanes. When *meteorologists catch a hurricane, they give it a name. They can use either a male or female name. Why should tropical cyclones have names? With names, it is easier for people to know about a hurricane and its possible *dangers.

　*The World Meteorological Organization（WMO）, an international weather group, decides what names will be used. The WMO makes lists of names using the English alphabet. Each name on the list starts with a different letter. The first hurricane of the year gets the first name on that year's list. The second hurricane gets the next name. For example, if the first hurricane is named Abel, the second might be named Betty. The name lists do not *include names beginning with the letters Q, U, X, Y, and Z. There are not many names that begin with these letters.

Asian countries use a different list. This is decided by the WMO's Typhoon *Committee. This list has a few personal names, but most of the names are of flowers, animals, trees, and other similar things. Though it can choose to use one of the names, (   ).

(注) tropical 熱帯性   cyclone サイクロン   typhoon 台風   hurricane ハリケーン   storm 嵐
wheel 輪；車輪   Florida フロリダ（米国南東部にある州）   meteorologist 気象学者
danger 危険性   The World Meteorological Organization（WMO） 世界気象機関   include ～を含む
committee 委員会

(A) 2020年の14番目に発生したハリケーン名として可能性があるものを1つ選び，記号で答えなさい。

ア Kyle   イ Laura   ウ Marco   エ Nana

(B) 次の中でハリケーン名になる可能性がないものを1つ選び，記号で答えなさい。

ア Naomi   イ Rena   ウ Veronica   エ Yanni

(C) 最終段落のカッコに入る英語として最も適切なものを選び，記号で答えなさい。

ア because of global warming, Japan should be more careful about typhoons.

イ interestingly, however, Japan is the only nation that uses numbers for naming typhoons.

ウ no other countries in Asia experience as many typhoons as Japan.

エ of course, Japan will start using male or female names for typhoons in the future.

(D) 次の英語による質問に対する応答として最も適切なものを選び，記号で答えなさい。

Why should tropical cyclones have names?

ア It is traditional.

イ It sounds interesting.

ウ The names are needed by scientists.

エ The names help people.

【 4 】 次の英作文の問いに答えなさい。

留学プログラムのホームステイで2人部屋が用意されたとする。ルームメイト(roommate)にするのは，次のどのタイプがよいか。次から1つ選び，考えを述べなさい。

> 静かな人(someone who is quiet)
> 自分と似ている人(someone who is similar to you)
> 助けとなる人(someone who is helpful)

＜条件＞

・「上記のどのタイプも選ばない」という解答は不可とする。

・留学プログラムで訪れる国は「カナダ」，ルームメートは「初めて会う人」「日本語を話さない人」とする。

・35語以上（短縮形やハイフンの付いた単語も1語と数える）書くこととする。

【　5　】　次の設問A〜Dに答えなさい。

設問A

下線部の発音が，(i)3つとも同じ場合は○，(ii)3つとも異なる場合は×，(iii)他の2つと異なる場合はその単語を答えなさい。

(1)　early　　　hear　　　heard

(2)　filled　　visited　　watched

設問B

空所に入る最も適切な語を選び，記号で答えなさい。

(1)　A：This is my house. I've lived here （　　　） I was ten years old.

　　　B：Oh, really? I've passed by here many times.

　　　ア　for　　イ　since　　ウ　until　　エ　when

(2)　A：How long does it take to go from Tokyo to Singapore （　　　） plane?

　　　B：It's about seven hours.

　　　ア　at　　イ　by　　ウ　on　　エ　with

(3)　A：（　　　） you arrive at Haneda, please text me.

　　　B：Of course. I can't wait!

　　　ア　If　　イ　So　　ウ　When　　エ　While

設問C

二文がほぼ同じ意味になるよう空所に入る最も適切な語を答えなさい。

(1)　Ann is a girl with short hair.

　　　Ann is a girl （　　　）（　　　） short hair.

(2)　What language does the word hamburger come from? Do you know?

　　　Do you know what language the word （　　　）（　　　） from?

(3)　Shall I take your photo?

　　　Would you want （　　　）（　　　） take your photo?

設問D

カッコ内の指示にしたがって書きかえなさい。

(1)　Mike has already finished his homework. （否定文に）

(2)　People call Durian the king of fruit. （受け身形に）

(3)　The speech was short. Suzan gave it. （関係代名詞を使って1文に）

問一　（　＊　）に入る最適な語を次の中から選び、記号で答えよ。

ア　こそ　　イ　ぞ　　ウ　まで　　エ　すら

問二　──線①を現代仮名遣いに直しひらがなで書け。

問三　──線②の意味として最適なものを次の中から選び、記号で答えよ。

ア　どうにかして死なないようにしたいものだ。

イ　どうして死ななかったのだろうか。

ウ　どうにかして死んだことを知りたいものだ。

エ　どうして死んでしまうのだろうか。

問四　──線③とはどういうことか、答えよ。

問五　──線④の主語として最適なものを次の中から選び、記号で答えよ。

ア　黒雲　　イ　西塔　　ウ　毒竜の巌　　エ　静観僧正

問六　本文の内容に合うものを次の中から一つ選び、記号で答えよ。

ア　竜のはき出す毒のため付近の人々がたくさん死んだ。

イ　毒竜巌を破壊するために千手院の僧たちが祈った。

ウ　静観僧正が七日間祈り終わると空が晴れて竜が消えた。

エ　毒竜巌が無くなった後はたたりも無くなった。

ア　優しい味の料理を作ったくらいで心配する母親に対して、「俺」はこれまで本当に苦労をかけてきたんだなと実感している。

イ　少しまともな生活をしている「俺」を不審に思っている母親に対して、そんなに信用されていなかったのかと疑問を感じている。

ウ　穏やかな味の料理を作った「俺」をほめている母親に対して、それくらいのことは大したこともないのにと照れている。

エ　これから問題が起こるのではないかと不安を感じている母親に対して、もう昔の悪かった「俺」ではないのに怒っている。

問六　──線③とはどういうことか、説明せよ。

問七　──線④とあるが、「釘をさす」の意味として最適なものを次の中から選び、記号で答えよ。

ア　正しいアドバイスをする。

イ　ひどくののしる。

ウ　前もって厳しく言いきかせる。

エ　自分の考えをほのめかす。

問八　──線⑤とあるが、母親が「俺」のことについて語っている時の気持ちについて説明せよ。

問九　本文の内容と合うものを次の中から一つ選び、記号で答えよ。

ア　鈴香と「俺」との関係はとても良好で、「俺」の作る料理をいつもおいしそうに食べていた。

イ　積み木の値段の高さに驚いた「俺」は、母親が買おうとするのを何とかして止めようとした。

ウ　昔はやんちゃだった中武が父親となっていることを、母親は「俺」から聞くまで全く知らなかった。

エ　先輩の中武から子守を頼まれたとき、「俺」は鈴香のために優しい味の料理を作ってあげようと考えた。

【三】　次の古文を読んで、後の問いに答えよ。

今は昔、静観僧正は西塔の千手院といふ所に住み給へり。その所は南むきにて、①大獄をまもる所にて有りけり。大獄の乾の方のそひに、大きなるいはほあり。其岩のあり様、竜の口をあきたるに似たりけり。其岩のすぢに向ひて住みける僧ども、命もろくして、おほく死にけり。しばらくは、②「いかにして死ぬやらん」と、心も得ざりける程に、（　＊　）名付けたりける。是によりて、西塔の有様、ただ荒れに荒れのみまさりけり。此千手院にも人おほく死にければ、住みわづらひけり。

此巌をみるに、誠に竜の大口をあきたるに似たり。③「人のいふ事は、げにもさありけり」と僧正思ひ給ひて、此岩を毒竜の巌と名付けて、西塔の方に向て、七日七夜、加持し給ひければ、七日といふ夜半ばかりに、空くもり、震動す事をびただし。大獄に黒雲かかりて、④見えず。しばらく有りて、空晴れぬ。夜明けて、大獄を見れば、毒竜巌くだけて、散り失せにけり。それより後、西塔に人住みけれども、たたりなかりけり。

（宇治拾遺物語）

※注　乾の方のそひ……西北の急斜面　　すぢ……筋向かいに

　　　げにも……なるほど　　加持……お祈り

もっぽいから、鈴香はちらりと見るだけで終わってしまうだろう。いかにも女の子が好きそうなおしゃれなドレッサーセット。やんちゃな鈴香には不似合いかな。お腹を押すと英語を話すピエロ。だめだ、こいつは顔が怖いから鈴香は泣くだろう。

生まれて二年も経っていない鈴香の気持ちはシンプルで、それがそのまま顔や動きに出てくる。そのせいか、一週間しか一緒に過ごしていないのに、鈴香の反応は手に取るように想像できた。

俺があれこれ眺めていると、

「これ、積み木は？　どう」

と、おふくろが重そうな箱を抱えて見せにきた。

「ああ、積み木か……。そういえば、なかったな」

「じゃあ、決まり！　あんたも積み木好きだったのよ。小さいころよく遊んでたわ。意外に器用でさ、二歳になるころにはなんやかんや作ってた。お城に車に、上手だったなあ。これ、木の感じが自然で素敵じゃない？」

おふくろが選んだのは、外国製のおもちゃらしく、木の色を生かしたきれいな色合いの積み木セットだ。派手派手しいキャラクターの絵が描かれているわけでもないし、先輩の家に勝手に増やしてもそれほど目障りにはならなそうだ。

「ああ、そうだな。じゃあ、それにすっか。ってか、八千円？　こんな木のかけらがそんなにすんのか？」

積み木の値札に驚き、ほかのおもちゃも見てみると、みんなそこそこいい値段がする。最近のガキはなんて高価なもので遊んでるんだ。

「こういうスタンダードなものって、長く使えるし。私が買うんだか

らいいでしょ」

おふくろはそう言って、大事そうに積み木を抱えると、さっさとレジに行ってしまった。

（『君が夏を走らせる』瀬尾まいこ）

問一　━━線A〜Cのカタカナを漢字に直せ。

問二　━━線a〜cの漢字の読みをひらがなで書け。

問三　［　Ⅰ　］〜［　Ⅳ　］に入る最適なものを次の中から選び、それぞれ記号で答えよ。

ア　なんで、夏にプレゼントすんだよ

イ　そういうもんじゃねえよ。誕生日でもねえのに、物与えるなんて、よくねえだろ

ウ　そうだ！　夏だしさ、鈴香ちゃんになにかプレゼント買いに行こう

エ　確かに鈴香はおもちゃをあまり持ってなかったな

オ　夏休みって、そういうもんじゃないの？

問四　━━線①に含まれないものを次の中から一つ選び、記号で答えよ。

ア　休みの日に出かけず家にいること。

イ　台所で料理をしていること。

ウ　料理をしながらジュジューと言っていたこと。

エ　夜に早く寝てしまうこと。

問五　━━線②の時の「俺」の気持ちとして最適なものを次の中から選び、記号で答えよ。

「なに、まともぶってんのよ。なにも悪いことしてないのに、一番大好きな母親と会えないのよ。しかも、あんたみたいなガラの悪いのに毎日付き合わされてさ。少々甘やかしてあげたっていいじゃない」

おふくろはわけのわからない理屈を堂々と言うと、「料理なんて夜に作れば？　さあ、早く行こう」と勝手にショッピングモール行きを決定してしまった。

昔からどこかおおざっぱで、大胆なおふくろだ。一度決めてしまうと、行動に移さないと気が済まないところがある。まあ、そんな大まかな性格だから、俺みたいなのを育てられたのかもしれない。

「おい。おふくろと買い物なんてマジやばいから。離れて歩いてくれ」と俺が言うのも聞かず、ショッピングモールに着くと、おふくろは、「鈴香ちゃんなにが好きかな。一歳十ヶ月か。いろいろ興味出てくるころだよね」と足どりを弾ませた。

「だから、近づくなって」

「なにがよ。離れて歩いて、大声で話してるほうが変でしょう。それにしても、中武君がまじめになったって話、仕事先のおじさんたちからも聞いてたけど、家族を持ってるなんてね」

③マイペースなおふくろにどう言ったって無駄だった。まだ昼過ぎだから誰にも会いはしないだろう。俺は周りを見回しながらおふくろとつかず離れずの距離を取って歩いた。

「でも、ああいうやんちゃな子ほど、早く身を固めるのよね」

「ああ、しかももうすぐ二児のパパだからな」

「本当、すごい変化だわ」

昔、先輩はよく家にも遊びに来て、たまにおふくろとも出くわすこ

とがあった。悪かったときの先輩しか知らないおふくろにとっては、父親になったというのがものすごい出来事のようで、何度も「中武君もやるわね」と感心していた。

「なにこれ。最近のおもちゃってすごい」

おふくろはおもちゃ売り場に着くと、目をcカガヤかせた。華やかなおもちゃから昔ながらのおもちゃまでずらりと並んでいる。

「母親がいないって言っても、なにも困っちゃいないんだぜ。おもちゃもいっぱい持ってるし、服もかわいいのたくさんあるよ」

この調子だとおふくろは、大量に買いこみかねない。俺はしっかりと④釘をさした。

「わかってるって。一つくらいプレゼントしてもいいでしょう。あんたが面倒見てる数週間、楽しく過ごせるものが必要だろうしさ。あ、これ、ままごとセットは？　女の子好きなんじゃない」

「ままごととはある。たくさん」

「じゃあ、これいいじゃない。お絵かきボード」

おふくろは絵を描いたら消せる磁石を使ったボードを指差した。

「同じようなのあったって」

「表面がぼこぼこになってしまう。強引に描いて壊したのだろう。鈴香の家にもお絵かきボードがあって、強引に描いたらボードを指差した。

「ぬいぐるみもやまほど持っている。俺はぬいぐるみを手に取ったおふくろに先に忠告した。

「そうなると、なにがいいか難しいわね」

子どものおもちゃって、いろいろあるものだ。俺は棚にcぎっしり並べられたおもちゃに目をやった。ぐるぐる回転する人形。これは子ど

「なにがって、なにもかもよ」

①と顔をしかめた。

おふくろは、土日以外は毎日朝七時半には出勤し、夜九時過ぎまで仕事をしているから、俺とはほとんど顔を合わせない。どうしたも何も、俺のドウコウなど知らないはずだ。

A

「なにもかもって？」

「最近、妙にはりきってるからさ。彼女でもできたのかと思えば、夜はさっさと寝てるみたいだし、休みは家にいるし。また走り始めたのかと思いきや、さほど体はしまってないしね」

「はりきってなんかいねえけど」

「あんた、気づいてる？　さっき、フライパン揺すりながらジュ——って言ってたわよ」

「マジかよ」

「ものすごく不気味だった」

おふくろはそう言いながら、俺が作った豆腐ドリアを口に入れた。

「なに、このふんわりしたソースにほのかな味」

「うまいだろ？」

「確かに。パンチはないけど、全くくどくないし、味も食感も柔らかい」

「豆腐と味噌とジャガイモでソースを作ったんだ」

「この味、味噌だったんだ。しみじみとおいしいわ。で？　何事？　こんな体に優しそうな料理作ったりして、問題が起きる前触れじゃないわよね？」

「んなわけねえだろ」

b

「この穏やかさは妙よ。近々ケイサツに呼ばれるとか、勘弁してよ」

B

おふくろは本当に心配しているようだ。まったく、実の親のくせに何を言ってるんだ。少々まともな生活を送ったところで、母親の不安すら消せやしないとは。俺はそんなに悪かったのだろうか。

②

「バイトしてんだよ」

「バイトって、なんの？」

「なんのって、こともねえんだけど」

「はっきり言えないようなおかしな仕事してるんじゃないでしょうね」

「まさか。まあ、なんつうかさ」

あまりのしつこさに俺がしぶしぶバイトの詳細を話すと、驚いたおふくろは「恐ろしい！」と絶叫し、「そんな怖いことよく引き受けたわね。大事なお子さんになにかあったらどうするの」と震え上がった。

そのくせ、俺しか頼める人がいない先輩の状況を説明すると、「あんたはできた息子だ。人を助けてこそなんぼだね」と出過ぎたことを言いだした。

「それなら我が家で預かってあげよう」と出過ぎたことを言いだした。

俺が説得しそれは何とかあきらめたものの、その後も鈴香の様子をおもしろそうに聞いていて、「あの中武君がしっかりお父さんになってるんだ」と感動したり、「そうそう、子どもってそうなんだよね」と共感したりした。

I

鈴香のことをひととおり聞くと、おふくろはそう提案した。

II

III

IV

問四 （ Ⅰ ）〜（ Ⅲ ）に入る最適な語を次の中から選び、それ
ぞれ記号で答えよ。

ア むしろ　イ つまり　ウ なぜなら　エ とくに

問五 ──線①のように筆者が述べる理由として最適なものを次の
中から選び、記号で答えよ。

ア 「自己自身」と「付属物」の違いが分からなければ、「よく
生きる」とはどういうことかを考えることもできないから。

イ 人々と「よく生きる」ことについて議論しなければ、「自己
自身」と「付属物」の違いを明確に知ることができないから。

ウ 「付属物」とは「身体や金銭」のことであり、思慮のある人
になるためには「付属物」について気づかうことは意味がない
から。

エ 「自己自身」とは「魂（プシュケー）」のことであり、自分
の「魂」つまり「心」について真っ先に気づかうことが求めら
れるから。

問六 ──線②とあるが、ソクラテスが「当時の人々の生き方」を
批判した理由を説明せよ。

問七 ──線③に対するソクラテスの答えを具体的に説明せよ。

問八 ──線④に該当する「問い」を次の中から一つ選び、記号で
答えよ。

ア 一流企業に入り出世するには何をすべきか。

イ 恋愛と友情、どちらを大切にすべきか。

ウ 昼食はカレーとラーメンのどちらを食べようか。

問九 本文の内容と合うものを次の中から一つ選び、記号で答えよ。

ア ソクラテスが裁判で自分の意図を語ったのは、「知を愛する」
ことの大切さを主張するためだった。

イ ソクラテスは、健康や富が活用されるためにはその人の心の
あり方がどうなのかが重要だと考えていた。

ウ ソクラテスがカリクレスに反対したのは、自然のままに生き
ることは良いことだと考えたからだった。

エ ソクラテスは、他者に対して配慮することが「よく生きる」
ことにつながる理由について知らなかった。

【二】 次の文章を読んで、後の問いに答えよ。

三連休に入ると、俺は料理にいそしんだ。鈴香の昼ご飯になりそう
なものをいくつか作ってみたかったのだ。チャーハンは何でも入れら
れるし簡単だけど、そのうち飽きるだろう。それに、小さいころにい
ろんな味を知っておいたほうがいい気がする。薄味でおいしいもの。
バランスよく食材が入れられるもの。野菜たっぷりの肉じゃがにうど
んを入れて煮たものや、豆腐で作ったクリームソースを鮭のピラフに
かけたドリアなどを試作しては味見していると、おふくろが、

「あんた、どうしちゃったの？」

と台所に入って来た。

「なにがだよ」

俺は家でもよく料理をするから、台所にいるのは不思議なことでは
ないはずだ。俺がふてぶてしく答えると、おふくろは、

ていたのかもしれません。

さて、ソクラテスは魂（心）について気づかうように人々に語りかけたのですが、わたしたちは自分の心のあり方について、どのように気づかえばよいのでしょうか。どうすれば「すぐれたよい者」になることができるのでしょうか。わたしたちはそのようにすぐに結論へ行こうとしますが、ソクラテスは急ぎません。（　Ⅲ　）、「徳の何であるかを見失っているのは、まず誰よりわたし自身なのです」という答をわたしたちに投げ返してきます。たとえ答が得られなくても、それについて問い、議論し、吟味することが求められるような、そういうに生きること、つまり欲望を抑えることなく、そのジュウソクをはかることこそが正義であり、善であるということを主張します。それに対してソクラテスは、人間の欲望とはどこまでいっても満足することのない「孔のあいた甕（かめ）」のようなものであり、欲望に踊らされた人生を送るのは、決して幸福でも、善でもないと言います。そして他者への配慮をまったく行わず、ただ自分の欲望の満足だけを強欲に追い求

問いがあるということをソクラテスは語ろうとしたのではないでしょうか。「魂（心）のよさとは何か」という問いも、まさにそのような種類の問いであると言えるでしょう。

プラトンが書いた『ゴルギアス』という対話篇（へん）（プラトンの著作は対話の形で話が進行していきますので、このように呼ばれています）では、ソクラテスは、少しこの魂の「よさ」について語っています。

この対話篇では、三人の人物がソクラテスと対話をしますが、最後に登場するカリクレスは、現実の政治の世界ではなばなしい活躍をしている人物でした。そのカリクレスがソクラテスに対し、自然なまま

める生き方をソクラテスは「盗人（ぬすっと）の生活」と表現しています。

ソクラテスは、ものごとをよく考え、欲望を抑えて心を秩序正しい状態に保ち、他の人への配慮を行って、互いに力をあわせることが、わたしたちがめざすべきものであるという考えをもっていたと言えます。

しかしそこで、なぜわたしたちは自分の欲望を抑え、他の人に対して配慮をしなければならないのか、という問いが浮かびあがってきます。なぜ他者に対して配慮をすることが「よく生きる」ことにつながるのでしょうか。こうした点についてソクラテスはザンネンながら詳しいことを語っていません。わたしたちに残された問いであると言ってよいでしょう。

（『はじめての哲学』藤田正勝）

※注　ソクラテス……古代ギリシアの哲学者
　　　ポリス……都市国家

問一　━━線A～Dのカタカナを漢字に直せ。

問二　──線a～cの漢字の読みをひらがなで書け。

問三　本文からは次の一文が抜けている。入るところとして最適なものを《　ア　》～《　エ　》の中から選び、記号で答えよ。

　したがってたとえば、美しく粧う（よそおう）ことに何より気をつかうことや、富を蓄えることに必死になるといったことが考えられていたと言ってよいでしょう。

【国語】　(五〇分)〈満点：一〇〇点〉

【二】　次の文章を読んで、後の問いに答えよ。

※注　ソクラテスは毎日広場に出かけていって、多くの人とさまざまな問題をめぐって議論をするという生活を送った人でした。このように倦むことなく事柄の真実を探究することがソクラテスにとっては「知を愛する」ということでした。なぜそのように多くの人々と、（　Ⅰ　）青年たちと毎日のように議論したのか、その意図についてソクラテスは裁判のなかで語っています。それによると彼が行おうとしたのは、一人ひとりの人が、自分自身のことについて気づかい、すぐれたよい人になるよう、また思慮のある人になるように導くことでした。そしてここでソクラテスは、自分自身のことについて気づかうことは、自己の「付属物」について気づかうことではないということを強調しています。自己の「付属物」についてではなく、「自己自身」について心を砕くことが何より大切なのだということを人々に説いてまわったとソクラテスは言うのです。《　ア　》

「よく生きる」とはどういうことかという問題を考える上で、これはとても重要な点だと思います。そのために、ソクラテスが「自己自身」と自己の「付属物」とをどのように区別していたのかをはっきりさせたいと思います。『ソクラテスの弁明』のなかでソクラテスはこの「付属物」について、「身体や金銭」という言葉でも言い表しています。《　イ　》

それでは「自分自身について気づかう」というのはどういう意味でしょうか。そのことをソクラテスは「魂」(プシュケー)について気

づかうことであるとも表現しています。「プシュケー」というのは、A「息をする」ということとも関係し、生命のミナモトといった意味で使われた言葉ですが、わたしたちの感情や知性の働きを支える「心」や「精神」という意味でも使われました。《　ウ　》

ソクラテスは、身体や金銭ではなくプシュケーについて、つまり心について気づかわなければならないという自分の説を、いくらお金があっても心がよくなるわけではないからだ、とBコンキョづけています。その人がどういう人物であるか、また健康や富が活用されるか否かは、その人の心のあり方にかかっているというのです。ソクラテスが「自己自身」と表現したのは、このプシュケーのことだと言ってよいでしょう。それが「よく」あるように気づかうことが何より大切なのだということを、ソクラテスはアテナイの人々に説いてまわったのです。人間にとって、生きていく上で何より大切なのは、プシュケーが「よく」あるように気をつかうこと、（　Ⅱ　）「よく生きる」ことだというのがソクラテスの考えであったと言えます。《　エ　》

②この主張は、当時の人々の生き方に対する批判を含んでいました。ソクラテスの後半生は、古代ギリシアの有力なポリスであったアテナイとスパルタとのあいだで激しく戦われた※注ペロポネソス戦争の時期と重なります。その混乱のなかで人々は貪欲になり、権勢欲に踊らされるようになっていきました。ソクラテスの日々の活動には、この貪欲になり、ますます「自己自身」から離れていく人々の価値観に対する批判があったのではないでしょうか。ソクラテスが告訴された真の原因については、いろいろな説が出されていますが、このことも関わっ

2022年度－16

2022年度

解　答　と　解　説

《2022年度の配点は解答欄に掲載してあります。》

＜数学解答＞

【1】　(1)　$-8x^2y^4$　　(2)　$x=\dfrac{2}{7}$　　(3)　$x=-5,\ 4$　　(4)　$(3x-y-5)(3x-y+1)$

　　　(5)　$5\sqrt{3}-\sqrt{6}$　　(6)　$\dfrac{1}{3}$　　(7)　$115°$

【2】　(1)　$400x+600y=48400,\ 450x+660y=53640$　　(2)　$x=40,\ y=54$

【3】　(1)　$2:1$　　(2)　$5:3:4$　　(3)　$12:59$

【4】　(1)　$y=x$　　(2)　$a=\dfrac{1}{2}$　　(3)　$t=4$　　(4)　$y=2x+1$　　(5)　$x=2\pm2\sqrt{3}$

【5】　(1)　10　　(2)　$LM=5\sqrt{2},\ MF=5\sqrt{5}$　　(3)　$\dfrac{75}{2}$　　(4)　60　　(5)　$\dfrac{80}{3}$

○配点○

【1】　各4点×7　　【2】　(1)　7点　　(2)　4点　　【3】　(1)　4点　　(2)　5点　　(3)　6点

【4】　(1)・(2)　各3点×2　　(5)　6点　　他　各5点×2

【5】　(1)　3点　　(3)　4点　　(5)　5点　　他　各6点×2　　　計100点

＜数学解説＞

【1】　（文字式の計算，1次方程式，2次方程式，因数分解，平方根，確率，円，角度）

(1)　$\left(\dfrac{2}{3}xy\right)^3\div\left(-\dfrac{4}{3}x^3y\right)\times(-6xy)^2=\left(\dfrac{2xy}{3}\right)^3\div\left(-\dfrac{4x^3y}{3}\right)\times\left(-\dfrac{6xy}{1}\right)^2$

$=\dfrac{-8x^3y^3\times3\times6^2x^2y^2}{27\times4x^3y}=\dfrac{-8\times3\times36x^5y^5}{27\times4x^3y}=-8x^2y^4$

(2)　$\dfrac{3x+1}{10}=\dfrac{4x-5}{18}+\dfrac{2}{5}$　　両辺を90倍して　　$9(3x+1)=5(4x-5)+36$

　　$27x+9=20x-25+36$　　$7x=2$　　$x=\dfrac{2}{7}$

(3)　$3(x-1)(x+4)=2(x+2)^2$　　$3(x^2+3x-4)=2(x^2+4x+4)$　　$3x^2+9x-12=2x^2+8x+8$

　　$x^2+x-20=0$　　$(x+5)(x-4)=0$　　$x=-5,\ 4$

(4)　$3x-y=$Aとおくと　　　$(3x-y)^2-4(3x-y)-5=$A$^2-4$A$-5=($A$-5)($A$+1)$

　　$=(3x-y-5)\ (3x-y+1)$

(5)　$\dfrac{\sqrt{27}}{\sqrt{2}}+\dfrac{\sqrt{6}\times\sqrt{15}(\sqrt{10}-\sqrt{5})}{2\sqrt{3}}=\dfrac{3\sqrt{3}}{\sqrt{2}}+\dfrac{3\sqrt{10}(\sqrt{10}-\sqrt{5})}{2\sqrt{3}}=\dfrac{3\sqrt{6}}{2}+\dfrac{30-15\sqrt{2}}{2\sqrt{3}}=\dfrac{3\sqrt{6}}{2}+$

　　$\dfrac{30\sqrt{3}-15\sqrt{6}}{6}=\dfrac{3\sqrt{6}+10\sqrt{3}-5\sqrt{6}}{2}=\dfrac{10\sqrt{3}-2\sqrt{6}}{2}=5\sqrt{3}-\sqrt{6}$

(6)　2つのさいころの目の出方は全部で$6\times6=36$(通り)。その中で和が7になるのは(大の目，小の目)$=(1,\ 6),\ (2,\ 5),\ (3,\ 4),\ (4,\ 3),\ (5,\ 2),\ (6,\ 1)$の6通り，和が9になるのは$(3,\ 6),\ (4,\ 5),\ (5,\ 4),\ (6,\ 3)$の4通り，和が11になるのは$(5,\ 6),\ (6,\ 5)$の2通り。あわせて和が7以上の奇数になるのは$6+4+2=12$(通り)なので，その確率は$\dfrac{12}{36}=\dfrac{1}{3}$

(7)　次のページの図のように頂点に名前をつけ，OAを結ぶ。OA＝OBより$\angle$OAB＝$\angle$OBA＝$41°$

OA＝OCより∠OAC＝∠OCA＝33°　　△ABEについて外角の
定理より∠x＝∠EBA＋∠EAB＝41°＋(41°＋33°)＝115°

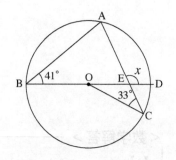

【2】（連立方程式の応用）

重要

(1)　Aは仕入れ値400円，定価480円，定価の半額240円　　x個
仕入れて定価で売れたのが$\frac{7}{8}x$個，半額で売ったのが$\frac{1}{8}x$個
　　　Bは仕入れ値600円，定価720円，定価の半額360円　　y個
仕入れて定価で売れたのが$\frac{5}{6}y$個，半額で売ったのが$\frac{1}{6}y$個
　　　仕入れ総額について　　　$400x＋600y＝48400$…①
　　　利益について　　　　$480×\frac{7}{8}x＋240×\frac{1}{8}x＋720×\frac{5}{6}y＋360×\frac{1}{6}y－48400＝5240$
まとめると　　　$450x＋660y＝53640$…②　　［なお，利益についての式は，$(480－400)×\frac{7}{8}x＋$
$(720－600)×\frac{5}{6}y＋(240－400)×\frac{1}{8}x＋(360－600)×\frac{1}{6}y＝80×\frac{7}{8}x＋120×\frac{5}{6}y＋(－160)×\frac{1}{8}x$
$＋(－240)×\frac{1}{6}y＝5240$として考えてもよい。］

(2)　①は両辺を200でわると　　$2x＋3y＝242$　　両辺を15倍して　　$30x＋45y＝3630$…①′
②は両辺を15でわると　　$30x＋44y＝3576$…②′　①′－②′は　　$y＝54$　　$2x＋54×3＝242$
　　$x＝40$

【3】（相似）

(1)　AD＝BC＝$4a$とおくと，BP：PC＝DR：RA＝1：3よりAR＝$3a$，RD＝a，BP＝a，PC＝$3a$と
なる。BD∥PCより同位角は等しいので∠SRD＝∠SPC，∠SDR＝∠SCP　　2組の角がそれぞれ
等しいので△SRD∽△SPC　　SR：SP＝RD：PC＝a：$3a$＝1：3　　よってPR：RS＝2：1

(2)　AB＝DC＝$3b$とおくと，CT：DT＝1：2よりCT＝b，DT＝$2b$，ATとBCの延長の交点をVとす
る。AD∥CVより錯角は等しいので∠TCV＝∠TDA，∠TVC＝∠TAD　　2組の角がそれぞれ等
しいので△TCV∽△TDA　　CV：DA＝CT：DT＝b：$2b$＝1：2　　よってCV＝$2a$　　AR∥PV
より錯角は等しいので∠QAR＝∠QVP　　∠QRA＝∠QPV　　2組の角がそれぞれ等しいので△
QAR∽△QVP　　PQ：RQ＝PV：RA＝$(3a＋2a)$：$3a$＝5：3　　PR：RS＝2：1＝8：4とPQ：QR
＝5：3より　　PQ：QR：RS＝5：3：4

(3)　PR：RS＝2：1でRD∥PCよりCD：DS＝2：1　　DS＝$3b×\frac{1}{2}＝\frac{3}{2}b$　　△SRD＝Sとおくと，
SD：DT＝$\frac{3}{2}b$：$2b$＝3：4より△SRT＝S×$\frac{ST}{SD}$＝S×$\frac{7}{3}$＝$\frac{7}{3}$S　　SR：RQ＝4：3より　　△SQT
＝$\frac{7}{3}$S×$\frac{7}{4}$＝$\frac{49}{12}$S　　△SRD∽△SPCでRD：PC＝1：3より　　△SPC＝S×3^2＝9S　　四角形
PCTQ＝△SPC－△SQT＝9S－$\frac{49}{12}$S＝$\frac{59}{12}$S　　△SRD：四角形PCTQ＝S：$\frac{59}{12}$S＝12：59

【4】（図形と関数・グラフの融合問題）

基本

(1)　Aは$x＝－1$で$y＝－x^2$上の点なので，$y＝－(－1)^2＝－1$　　A(－1，－1)　　直線ℓは原点を通るこ
とから$y＝px$とおけ，Aを通ることから　　$－1＝p×(－1)$　　p＝1　　直線ℓの式は$y＝x$

(2)　Bは$x＝2$で直線$y＝x$上の点なのでB(2，2)　　これが$y＝ax^2$上の点なので$2＝a×2^2$　　$a＝\frac{1}{2}$

(3)　△ABC＝△AOC＋△BOC＝$\frac{1}{2}×t×1＋\frac{1}{2}×t×2＝\frac{3}{2}t$　　$\frac{3}{2}t＝6$　　$t＝4$　　C(0，4)となる。

(4)　BCの中点をMとする。M$\left(\frac{2＋0}{2}，\frac{2＋4}{2}\right)$＝M(1，3)　　直線AMが求める直線である。$y＝px$
$＋q$とおくと，Aを通ることから，$－p＋q＝－1$…①　　Mを通ることからp＋q＝3…②　　①＋
②より2q＝2　　q＝1　　②－①より2p＝4　　p＝2　　よって，$y＝2x＋1$となる。

やや難 (5) D＝Mである。△ADB＝$\frac{1}{2}$×△ABC＝$\frac{1}{2}$×6＝3となるので，△ADE＝3となればよい。$y=2x$ $+1$とy軸の交点をFとするとF(0，1)　　　y軸上でFより下に点Gを取りFG＝xとおく。△AGD＝3となるようにGを決める。　　△AGD＝△AFG＋△DFG＝$\frac{1}{2}$×x×1＋$\frac{1}{2}$×x×1＝x＝3　　G(0，-2)　　Gを通りABに平行な直線は$y=2x-2$となり，この直線上に点Eがあれば，△ADB＝△ADEとなる。　$\frac{1}{2}x^2=2x-2$　より　$x^2-4x+4=0$　$(x-2)^2=0$　$x=2$となり，放物線$y=\frac{1}{2}x^2$上に題意を満たすEはない。　　y軸上でFより上に点Gを取りFG＝xとおく。△AGD＝3となるようにGを決める。△AGD＝△AFG＋△DFG＝$\frac{1}{2}$×x×1＋$\frac{1}{2}$×x×1＝x＝3　　G(0，4)　Gを通りABに平行な直線は$y=2x+4$となり，この直線上に点Eがあれば，△ADB＝△ADEとなる。$\frac{1}{2}x^2=2x+4$より$x^2-4x-8=0$　$x=2\pm\sqrt{2^2-1\times(-8)}$　$x=2\pm2\sqrt{3}$　この点が題意を満たす。

【5】（空間図形，体積，三平方の定理）

基本 (1) △ABFについて三平方の定理よりAF²＝AB²＋BF²＝6²＋8²＝36＋64＝100　　　AF＝10

(2) DG＝AF＝10よりDM＝MG＝5　　DL＝10×$\frac{1}{2}$＝5　　△DLMについて三平方の定理よりLM²＝DL²＋DM²＝5²＋5²＝50　　LM＝$5\sqrt{2}$　　△MFGについて三平方の定理よりMF²＝FG²＋MG²＝10²＋5²＝125　　MF＝$5\sqrt{5}$

重要 (3) △AFLについて三平方の定理よりFL²＝AF²＋AL²＝10²＋5²＝125　　FL＝$5\sqrt{5}$　　△LFMはFL＝FMの二等辺三角形。FからLMに垂線をおろし，LMとの交点をSとおくとSはLMの中点になる。△FSLについて三平方の定理よりFS²＝FL²－LS²＝125－$\left(\frac{5\sqrt{2}}{2}\right)^2$＝125－$\frac{25}{2}$＝$\frac{225}{2}$　　FS＝$\frac{15}{\sqrt{2}}$　△LFM＝$\frac{1}{2}$×LM×FS＝$\frac{1}{2}$×$5\sqrt{2}$×$\frac{15}{\sqrt{2}}$＝$\frac{75}{2}$

(4) Lから平面EFGHに垂線をおろし，平面との交点をL′，Mから平面EFGHに垂線をおろし，平面との交点をM′とする。FL′の延長にM′から垂線をおろし，FL′との交点をXとする。△M′FGについて三平方の定理より，FM′²＝FG²＋GM′²＝10²＋3²＝109　　△EFL′について三平方の定理よりFL′²＝EF²＋EL′²＝6²＋5²＝61　　FL′＝$\sqrt{61}$　　△L′M′Hについて三平方の定理よりL′M′²＝L′H²＋HM′²＝5²＋3²＝34　　XL′＝xとして，△XFM′について三平方の定理よりXM′²＝FM′²－XF²＝109－$(\sqrt{61}+x)^2$＝48－$2\sqrt{61}x-x^2$　　△XL′M′について三平方の定理よりXM′²＝L′M′－XL′²＝34－x^2　　48－$2\sqrt{61}x-x^2$＝34－x^2　$2\sqrt{61}x=14$　$x=\frac{14}{2\sqrt{61}}=\frac{7}{\sqrt{61}}$　△XL′M′について三平方の定理よりXM′²＝L′M′－XL′²＝34－x^2＝34－$\left(\frac{7}{\sqrt{61}}\right)^2$＝$\frac{34\times61-49}{61}$＝$\frac{2025}{61}$　　XM′＝$\sqrt{\frac{2025}{61}}=\frac{45}{\sqrt{61}}$　　△BLF＝$\frac{1}{2}$×BF×BL＝$\frac{1}{2}$×BF×LF′＝$\frac{1}{2}$×8×$\sqrt{61}$＝$4\sqrt{61}$　三角錐B－LFM＝三角錐M－BFL＝$4\sqrt{61}$×$\frac{45}{\sqrt{61}}$×$\frac{1}{3}$＝60

やや難 (5) Pから平面EFGHに垂線をおろし，平面との交点をP′，Qから平面EFGHに垂線をおろし，平面との交点をQ′とする。EH∥FGより錯角は等しいので∠P′EL′＝∠P′GF，∠P′L′E＝∠P′FG　2組の角がそれぞれ等しいので△P′EL′∽△P′GF　　P′F：P′L′＝GF：L′A＝2：1　　EF∥HGより錯角は等しいので∠Q′EF＝∠Q′GM′　　∠Q′FE＝∠Q′M′G　　2組の角がそれぞれ等しいので△Q′EF∽△Q′GM′　　Q′F：Q′M′＝EF：GM′＝2：1　　∠L′FM′＝∠P′FQ′，FL′：FP′＝FM′：FQ′＝3：2となるので2組の辺の比と間の角が等しく，△FL′M′∽△FP′Q′　　辺の比が3：2なので面積の比は3²：2²＝9：4　　三角錐B－LFMと三角錐B－FPQは高さが共通なので，体積の比は底面積の比と等しくなる。　　60：三角錐B－FPQ＝△FLM：△FPQ＝△FL′M′：△FP′Q′＝9：4　三角錐B－FPQ＝60×4÷9＝$\frac{80}{3}$

★ワンポイントアドバイス★

後半の大問はひとつひとつていねいに時間をかけて考える問題になっている。過去問演習を通して，出題傾向になれておく必要がある。前半の小問を確実に解くことが大切になる。

＜英語解答＞

【1】 リスニング問題解答省略

【2】 (A) 雑談するの好きなの。　(B) イ

(C) children adopted from China know about　(D) エ　(E) ウ

(F) four　(G) ア　(H) ウ　(I) strangers　(J) ウ

【3】 (A) エ　(B) エ　(C) イ　(D) エ

【4】 (例) I want a quiet roommate because I am shy. I am not good at English, so I want to study a lot. It will be easier to study if my home is quiet. Also, if it is not noisy, I will sleep better.

【5】 設問A　(1) hear　(2) ×

設問B　(1) イ　(2) イ　(3) ウ

設問C　(1) who has　(2) comes from　(3) me to

設問D　(1) Mike has not finished his homework yet.

(2) Durian is called the king of fruit.

(3) The speech which Suzan gave was short.

○配点○

【1】～【3】 各3点×20　【4】 12点

【5】 設問A，B 各2点×5　他 各3点×6　計100点

＜英語解説＞

【1】 リスニング問題解説省略。

【2】 (長文読解問題・物語文：英文和訳，内容吟味，語句補充)

(全訳) 最近，2人の見知らぬ人がバージニア州の小さな町のキャンパス用バスで隣同士に座って，会話を始めた。ルビー・ヴァースビッキは19歳で，リバティー大学の1年生だ。アリー・コールは21歳で2年生だ。

「(1)雑談するの好きなの」とアリーは今週私たちに言った。「物事を学べるもの。」

学生たちは，「あなたの専攻は何？」と尋ねることから始めた。

ルビーはスポーツ科学で，アリーはグラフィックデザインだった。

「どこから来たの？」が続いた。ルビーはニュージャージーから，アリーはメリーランドからだった。

アリーは尋ねた…「(2)もともと？」 若い女性はどちらもアジア人だ。

「実は，私は中国で生まれたの。私は孤児院にいて養子縁組をしたのよ。」とルビーは言った。

「私もなの」アリーは彼女に言った。「どんな孤児院か知っていますか？」

　彼女らが住んでいた孤児院は，多くの場合，(3)中国から養子縁組された子供たちが彼らの初期の生活について知っている数少ない小さな情報の1つだ。彼らは通常，彼らの生みの親が誰であるかを知らない。2015年まで続いた中国の一人っ子政策のため，多くの母親がこっそりと赤ちゃんを産んでいた。一部の母親は，親切で愛情のこもった手で迎えられ，孤児院に連れて行かれることを望んでいたため，子供を道路の近くや公共の建物の前に置いた。

　アリーとルビーは，ほぼ(4)同時に言った。「私は済南市社会福利院にいたわ」と述べた。この驚きは，それぞれの若い女性を彼女の(5)電話に向かわせた。彼女が養子縁組されたとき，アリーは6歳だった。ルビーは(6)4歳だった。そして，彼女らの家族はUSBメモリーで孤児院の写真を与えられていた。

　ルビーは孤児院の青いスライド上の幼い頃の自分の写真を見せた。アリーは，そのスライドは見覚えがあると思った。彼女は同じスライドと，同じ遊び場のおもちゃや衣類の写真を持っていた。

　アリーは集合写真を見つけ，オレンジ色のジャケットを着た少女を指差した。

　「それが(7a)私よ」と彼女は言った。ルビーは黄色いコートを着た隣の子供を指した。

　「そしてそれが(7b)私なの」と彼女は言った。

　彼女らは済南市社会福利院において隣にいる2人の写真をもっと見つけた。アリーとルビーは，1週の違いで養子縁組されていた。そして今，彼女らは15年後，11,000 km離れた場所で，人生の特別な友人と再び会ったのだ。

　アリーとルビーは今週私たちに言った。「私たちはこれに関して神の思し召しが見えるわ」と語った。アリーは「私は自分の過去についてはあまり知らない。【ウ】これは私にはいつもよかったことだったわ。でも同時に，私の一部はいつもそれについて疑問に思っていたのよ。」

　2人の見知らぬ人がバージニアのバスに乗り，次のことを知った：彼女らは本当は(9)見知らぬ人ではなかった。

(A)　small talk とは，バスを待っているような時に隣にいる人と天気に関してなどについて話すなどの，世間話のことである。

(B)　2人の女性はいずれもアジア人だったので，ルビーがニュージャージー出身だと聞いて，アリーはどこか違うところから来たのだろうと思った。よって，イが答え。

(C)　「～された」という意味を表して，直前にある名詞を修飾するときには，過去分詞の形容詞的用法を使う。ここでは adopted from China が children を修飾している。よって，節の基本形は children know about となる。そして children 以下の全体が information を修飾している。ここでは目的格の関係代名詞が使われているが，省略されている。

(D)　場面の展開から，アリーとルビーが共に同じ孤児院の名前を言い合うのが自然なので，エが答え。ア「違う」，イ「最初の」，ウ「最後の」

(E)　後に続く部分で，USBメモリーに入っている写真を見合っているので，ウが答え。ア「家」，イ「公園」，エ「学校」

(F)　ルビーは19歳で，アリーは21歳だとあるので，four が答え。

(G)　アリーとルビーはお互いに写真に写っている自分の姿を教え合っているので，アが答え。

(H)　全訳参照。

(I)　アリーとルビーは見知らぬ他人同士ではなく，かつて幼かった頃に同じ孤児院で共に過ごしていた仲間だった。よって，stranger ではなかった。

(J)　ア　「養子縁組された子供はふつう中国の孤児院から写真をもらった。」　すべての孤児がそうだったとは言えないので，誤り。　イ　「アメリカの小さな町のバスでクラスメートと合うのは特別なことだった。」　アリーとルビーはクラスメートではなかったので，誤り。　ウ「昔，中

国で家族をなくした子供たちはよく孤児院へと歩いた。」 2015年まで続いた中国の一人っ子政策のときの様子に合うので，答え。 エ 「ルビーはアリーより1週間早く中国からアメリカへ向かった。」 1週間早かったのは養子縁組されたタイミングだったので，誤り。

【3】 （長文読解問題・説明文：内容吟味，語句補充）

（全訳） 熱帯性サイクロンは，アジアでは台風と呼ばれ，南北アメリカではハリケーンと呼ばれている。これらの嵐は，車輪が左に曲がるように回り，風速は時速60キロ以上である。米国では，フロリダの国立ハリケーンセンターがハリケーンに目を光らせている。気象学者がハリケーンを確認したとき，彼らはそれに名前を付ける。彼らは男性または女性の名前を使用できる。なぜ熱帯性サイクロンに名前を付ける必要があるのだろうか？ 名前を付けると，ハリケーンとその起こりうる危険性について人々が簡単に知ることができるからだ。

国際気象グループである世界気象機関(WMO)が，使用する名前を決定する。WMO は，英語のアルファベットを使用して名前のリストを作成する。リストの各名前は異なる文字で始まる。その年の最初のハリケーンは，その年のリスト上の最初の名を取得する。2番目のハリケーンは次の名前になる。たとえば，最初のハリケーンの名前がアベルの場合，2番目のハリケーンの名前はベティになる。名前リストには，Q，U，X，Y，およびZの文字で始まる名前は含まれていない。これらの文字で始まる名前はあまりないからだ。

アジア諸国は異なるリストを使用している。これは，WMO の台風委員会によって決定される。このリストにはいくつかの個人名があるが，ほとんどの名前は花，動物，木，および他の同様のものだ。名前の1つを使用することを選択できる。（　　）しかし，興味深いことに，台風の命名に数字を使用しているのは日本だけである。

(A) 第2段落の内容から，ハリケーンはアルファベット順の名前が与えられることがわかる。よって，14番目のハリケーンには N から始まる名前が与えられるはずである。

(B) 第2段落に，「Q，U，X，Y，およびZの文字で始まる名前は含まれていない」とあるので，エが答え。

(C) 第3段落では，アジア諸国では「花，動物，木，および他の同様のもの」の名前を台風につけるとあるため，名前に数字を用いる日本だけが違っていると言えるので，イが答え。
　　ア 「地球温暖化のため，日本は台風にもっと注意するべきである。」 台風の名前とは関係がない内容なので，誤り。 ウ 「アジアの他の国々は日本と同じくらい多くの数の台風を経験する。」 台風の名前とは関係がない内容なので，誤り。 エ 「もちろん，日本も将来は台風に男性または女性の名前を使用し始めるだろう。」 直前の内容から導き出されない内容なので，誤り。

(D) 「熱帯性サイクロンはなぜ名前を持つべきか。」「ハリケーンとその起こりうる危険性について人々が簡単に知ることができるからだ」とあるので，エ「その名前は人々を助ける。」が答え。
　　ア 「それは伝統的だ」 理由として書かれていないので，誤り。 イ 「それは面白い」 理由として書かれていないので，誤り。 ウ 「その名前は科学者に必要とされる」 理由として書かれていないので，誤り。

【4】 （条件英作文問題）

英作文を書くときは，指示された条件をよく守ることが重要である。ここでは，いずれかのタイプを選び，35字以上で書くと決められているので，この指示は必ず守るようにする。また，あまり難しいことを書こうとせず，わかりやすい内容を簡単な英文で書くようにすると，誤りによる減点を防ぐことができる。

【5】 （発音問題，語句補充問題，書き換え問題）

設問A　(1)　〔ə́ːrli〕〔hiə〕〔hɔ́ːrd〕　(2)　〔fíld〕〔vízətid〕〔wɑtʃt〕

設問B　(1)　A　「これが私の家です。私はここに10歳のときから住んでいます。」　B　「ああ，そうですか。私はここを何度も通り過ぎたことがあります。　〈 since S V 〉で「S が V してから」という意味になる。　(2)　A　「飛行機で東京からシンガポールへ行くのにどれくらいかかりますか。」　B　「約7時間です。」　交通手段を表すときは〈 by ～ 〉を用いて表す。　(3)　A　「羽田についたら，私にメールしてください。」　B　「もちろんです。待ちきれません！」　when は時間の流れの一点を示す接続詞である。

基本

設問C　(1)　「アンは短い髪の少女だ。」→「アンは短い髪を持つ少女だ。」　主格の関係代名詞を用いて，who has short hair が girl を修飾する文を作る。　(2)　「ハンバーガーという言葉は何語からできましたか。　あなたは知っていますか。」→「あなたはハンバーガーという言葉が何語からできたか知っていますか。」　間接疑問文なので，〈疑問詞＋主語＋動詞〉の形になる。
(3)　「あなたの写真を撮りましょうか。」→「私にあなたの写真を撮ってほしいですか。」
〈 want A to ～ 〉で「A に～してほしい」という意味を表す。

設問D　(1)　現在完了の否定文なので，〈 have not ＋過去分詞〉という形にする。ここでは have ではなく has が使われている。また，already は否定文では使えないので，yet を用いる。
(2)　SVOC の文を受動態にするときは，〈 be 動詞＋過去分詞＋ C 〉とする。ここでは the king of fruit が C に当たる。　(3)　「スーザンが行ったスピーチ」とするので，目的格の関係代名詞を使う。The speech which Susan gave となり，この部分が文の主語になる。

─── ★ワンポイントアドバイス★ ───

【5】設問C(1)には主格の関係代名詞が使われているが，所有関係を表す場合には，所有格の関係代名詞を使っても表現できる。この文を表すと Ann is a girl whose hair is short. となる。所有格の関係代名詞では直後に名詞を置く。

＜国語解答＞

【一】　問一　A　源　B　根拠　C　充足　D　残念　問二　a　ことがら　b　おど
c　ちょさく　問三　イ　問四　Ⅰ　エ　Ⅱ　イ　Ⅲ　ア　問五　ア
問六　（例）　ソクラテスは，「自己自身」に心を砕くことが大切だと考えており，戦争という混乱の中で貪欲になり権勢欲にとりつかれた当時の人々の価値観とは反対だったから。　問七　（例）　ものごとをよく考え，欲望を抑えて心を秩序正しい状態に保ち，他の人への配慮を行うこと。　問八　イ　問九　イ

【二】　問一　A　動向　B　警察　C　輝　問二　a　うすあじ　b　しゅっきん
c　たな　問三　Ⅰ　ウ　Ⅱ　ア　Ⅲ　オ　Ⅳ　イ　問四　イ
問五　ア　問六　（例）　自分のペースで行動する母親に，自分から離れてほしいと言っても無視されるだけだということ。　問七　ウ　問八　（例）　いくら悪いとは言っても自分の子供は大切で，積み木を見て幼かったころの様子を思い出し，懐かしいと思っている。　問九　ウ

【三】　問一　イ　問二　いわおあり　問三　エ　問四　（例）　人が死ぬのは毒竜の岩があるせいだということ。　問五　ウ　問六　エ

○配点○
【一】 問一・問四　各2点×7　　問二　各1点×3　　問六　8点　　問七　6点　　他　各3点×3
【二】 問一　各2点×3　　問二　各1点×3　　問四・問七　各3点×2　　問五　4点
　　　問六　6点　　問八　8点　　他　各4点×3
【三】 問四　4点　　問六　3点　　他　各2点×4　　計100点

＜国語解説＞

【一】 （論説文―大意・要旨，内容吟味，文脈把握，接続語の問題，脱文・脱語補充，漢字の読み書き）

問一　Ａ　音読みは「ゲン」で，「起源」「源流」などの熟語がある。　Ｂ　ある考えのもとになるもの。「拠」の他の音読みは「コ」で，「証拠」などの熟語がある。　Ｃ　十分に満たすこと。「充」の訓読みは「あ（てる）」。　Ｄ　期待と違った状態に落胆すること。「念」を使った熟語は，他に「念頭」「断念」などの熟語がある。

問二　ａ　物事の様子や事情など。「柄」の他の訓読みは「え」で，音読みは「ヘイ」。　ｂ　音読みは「ヨウ」で，「舞踊」などの熟語がある。　ｃ　書きあらわされた書物。「著」の訓読みは「あらわ（す）」「いちじる（しい）」。

問三　《　イ　》の前に「ソクラテスはこの『付属物』について，『身体や金銭』という言葉で言い表しています」とある。この「身体や金銭」の「身体」に，抜けている一文の「美しく粧うことに何より気をつかうこと」が例としてふさわしい。また，「身体や金銭」の「金銭」に，抜けている一文の「富を蓄えることに必死になるといったこと」が例としてふさわしいので，抜けている一文は《　イ　》に入る。

問四　Ⅰ　前に「多くの人々」とあり，後に「青年たち」とあるので，その中でもとりわけ，と言う意味を表す語が入る。　Ⅱ　前の「プシュケーが『よく』あるように気をつかうこと」を，後で「『よく生きる』こと」と言い換えているので，説明の意味を表す語が入る。　Ⅲ　前の「ソクラテスは急ぎません」というより，後の「答をわたしたちに投げ返してきます」といった方がいいという文脈なので，二つを比べてあれよりもこれを選ぶという意味を表す語が入る。

問五　直前の文の「『よく生きる』とはどういうことかという問題を考える」ためには，――線①「『自己自身』と自己の『付属物』」とを区別することが必要だ，と同様の内容を述べているものを選ぶ。「区別する」を「違いが分かる」と言い換えているアが最適。イは文脈を取り違えている。――線①の内容と，ウやエの内容は重ならない。

やや難　問六　――線②の「この主張」は，直前の文の「ソクラテスの考え」を指示している。「ソクラテスの考え」について具体的に述べている部分を探すと，冒頭の段落に「『自己自身』について心を砕くことが何より大切なのだということを人々に説いてまわったとソクラテスは言うのです」とある。次に，――線②の「当時の人々の生き方」について述べている部分を探すと，同じ段落に「ペロポネソス戦争の……混乱のなかで人々は貪欲になり，権勢欲に踊らされるようになっていきました」とあり，ソクラテスの考えは，このような当時の人々の価値観とは反対であったことを理由としてまとめる。

重要　問七　――線③の「『すぐれたよい者』になること」が，ソクラテスのめざすものである。ソクラテスがめざすものについて述べている部分を探すと，「ソクラテスは，ものごとを」で始まる段落に「ソクラテスは，ものごとをよく考え，欲望を押さえて心を秩序正しい状態に保ち，他の人への配慮を行って，互いに力をあわせることが，わたしたちがめざすべきものであるという考えをもっていた」とある。この内容を簡潔に述べて，「～こと。」の形で結ぶ。

問八　――線④の「そのような種類の問い」は，直前の文の「答が得られなくても，それについて問い，議論し，吟味することが求められるような，そういう問い」を意味している。このような問いに該当するのはイ。他の選択肢はいずれも「議論」や「吟味」が求められるものではない。

重要 問九 「ソクラテスは，身体や金銭」で始まる段落の内容とイが合う。冒頭の段落に，ソクラテスは「知を愛する」ことを議論したとあるが，アにあるように「裁判で」語ったわけではない。「この対話篇では」で始まる段落に，カリクレスが「自然のままに生きること」を主張したとあるので，ウは合わない。「ソクラテスは，ものごとを」で始まる段落の内容とエは合わない。

【二】（小説―大意・要旨，情景・心情，内容吟味，文脈把握，脱文・脱語補充，漢字の読み書き，ことわざ・慣用句）

問一　A　現状と将来の傾向。ここでは「俺」の行動を意味している。　B　国民の生命や財産の保護，犯罪の捜査などを目的とする組織。「警」を使った熟語には，他に「警告」「警笛」などがある。　C　音読みは「キ」で，「光輝」などの熟語がある。

問二　a 「薄」の音読みは「ハク」で，「薄氷」「軽薄」などの熟語がある。　b　勤めに出ること。「勤」の他の音読みは「ゴン」で，「勤行」などの熟語がある。　c 「棚」を使った熟語には，「本棚」「大陸棚」などがある。

基本 問三　Ⅰ　直後の文に「おふくろはそう提案した」とあるので，「そうだ！夏だしさ，鈴香ちゃんになにかプレゼント買いに行こう」と提案しているウが入る。　Ⅱ　Ⅰの「夏だしさ……プレゼント買いに行こう」に疑問を述べる「なんで，夏にプレゼントすんだよ」というアが入る。　Ⅲ　Ⅱの「なんで，夏にプレゼントすんだよ」という疑問に答えようとする「夏休みって，そういうもんじゃないの？」というオが入る。　Ⅳ　直後で「なに，まともぶってんのよ。」と言っているので，「まともぶっ」た発言を述べているものを選ぶ。イの「誕生日でもねえのに，物与えるなんて，よくねえだろ」が「まともぶっ」た発言になる。

問四　前に「あんた，どうしちゃったの？」とあるように，おふくろは「俺」の行動を不審に思っている。したがって，選択肢の中から不審な行動に含まれないものを選ぶ。冒頭の段落に「俺は家でもよく料理をするから」とあるので，イの「台所で料理をしていること。」は，不審な行動には当たらない。後の「最近，妙にはりきってるからさ」や「あんた，気づいてる？」で始まるおふくろの会話で，アウエのおふくろが不審に思う「俺」の行動を挙げている。

やや難 問五 「この穏やかさは妙よ」と言って「本当に心配している」おふくろに対する「俺」の気持ちである。――線②の「俺はそんなに悪かったのだろうか。」や，直前の文「少々まともな生活を送ったところで，母親の不安すら消せやしないとは。」からは，自分が長く母親に心配をかけていたことを改めて実感する気持ちが読み取れる。「俺」は母親を心配させてきたと自覚しているので，「疑問を感じている」とあるイや，「照れている」とあるウ，「怒っている」とあるエは適当ではない。

問六　――線③に「どう言ったって」とあるので，「俺」がおふくろに言ったことを探す。同じ段落で，「俺」はおふくろに「おい……離れて歩いてくれ」「近づくなって」と言っている。マイペースな母親に，自分から離れてほしいと言っても「無駄だった」という内容を，わかりやすい言葉に言い換えてまとめる。

問七　おふくろがおもちゃを「大量に買いこ」まないように，「俺」が「おもちゃもいっぱい持ってる」と前もって言いきかせていることからも，意味を判断できる。

やや難 問八　――線⑤の「あんたも積み木が好きだったのよ。小さいころからよく遊んでたわ……上手だったわあ」からは，おふくろが積み木を見て幼かったころの「俺」の様子を思い出し，懐かしいと思っている気持ちが読みとれる。悪いとは言っても，自分の子供である「俺」を大切に思って

いることも加えてまとめる。

重要 問九　「俺」が先輩の中武から子守を頼まれたことを，おふくろにしぶしぶ話した場面に着目する。「そのくせ」で始まる段落の「『あの中武君がしっかりお父さんになってるんだ』と感動した」という内容とウが合う。アの内容は，本文で述べていない。最終場面で，「俺」は積み木の値段の高さに驚いているが，おふくろが買おうとするのを止めようとはしていないので，イは合わない。冒頭の文に「三連休に入ると，俺は料理にいそしんだ。鈴香の昼ご飯になりそうなものをいくつか作ってみたかったのだ」とあり，エにあるように「子守を頼まれたとき」に鈴香に料理を作ってあげようと考えたわけではない。

【三】（古文―大意・要旨，内容吟味，文と文節，仮名遣い，口語訳，表現技法）

〈口語訳〉　今は昔，静観僧正は(比叡山)の西塔の千手院という所にお住まいであった。その場所は南向きで，大嶽の山を望む場所であった。大嶽の西北の急斜面に，大きな岩がある。その岩の様子は，竜が口をあけている(様子)に似ていた。その岩の筋向いに住んでいた僧たちは，命がはかなくて，多く(の者たち)が死んでいた。しばらく(の間)は，「どうして死んでしまうのだろうか」と，納得ができないでいるうちに，「この岩があるせいだ」と(僧たちが)言い出した。(それで)この岩を毒竜の厳と名付けたのであった。このため，西塔の様子は，ただ荒れに荒れた。この千手院でも人が多く死んだので，住むのがむずかしくなった。

　この岩を見ると，本当に竜が大口をあけている(様子)に似ている。「人がいうことは，なるほどそのようなこともあるなあ」と僧正は思われて，この岩の方に向かって，七日七晩，お祈りなさったところ，七日目の夜中ごろに，空がかき曇り，地鳴りがする事が激しい。大嶽にも黒雲がかかって，見えない。しばらくたって，空が晴れた。夜が明けて，大嶽を見ると，毒竜厳は砕け，粉々になくなっていた。それより後は，西塔に人が住んでも，たたりはなかったということだ。

問一　係り結びの法則が働いている。文末が連体形で結ばれるのは，イの「ぞ」。

問二　語頭以外のハ行は現代仮名遣いではワ行に直すので，「いはほ」は「いわお」となる。

基本 問三　「いかにして」には，疑問と願望の意味がある。「死ぬやあらん」とあるので，ここでは疑問の意味を表し，どうして死んでしまうのだろうかという意味となる。

やや難 問四　「人」が何を言っていたのかを探すと，前の段落に「『此岩の有るゆへぞ』といひ立てにけり。」とある。ここから，人が死ぬのは毒竜の岩があるせいだということだとわかる。

問五　直前の「大嶽に黒雲かかりて」に着目する。大嶽に黒雲がかかると，何が見えないのか。「大嶽の乾の方のそひ」にあるウの「毒竜の厳」が，――線④「見えず」の主語となる。

重要 問六　本文の最後「毒竜厳くだけて，散り失せにけり。それより後……たたりなかりけり。」に合うものはエ。岩の様子が，竜が口をあけた様子に似ているとあるが，アの「竜のはき出す毒」とは書かれていない。毒竜岩に向かってお祈りをしたのは静観僧正なので，イは合わない。消えたのは毒竜岩なので，「竜が消えた」とあるウも合わない。

★ワンポイントアドバイス★

選択肢には紛らわしいものが含まれている。いったんは正答だと思うものを見つけても，他の選択肢が誤答であることを確認する慎重さが必要だ。

2021年度
★★★★★★★★★★★★★★★★★★★★★★★

入 試 問 題

2021
年度

2021年度

入試問題

2021 中学度

2021年度

明法高等学校入試問題

【数　学】　（50分）　〈満点：100点〉

【1】　次の問に答えよ。

(1)　$\dfrac{9}{4}a^5b^6 \div \left(-\dfrac{3}{4}ab\right)^3 \div \dfrac{2}{3}ab^2$　を計算せよ。

(2)　1次方程式　$\dfrac{7x+4}{5} - \dfrac{4x-1}{3} = \dfrac{7x-13}{6}$　を解け。

(3)　2次方程式　$8x^2 - 8x - 1 = 0$　を解け。

(4)　$(x+y-2)(x-y-2)$　を展開せよ。

(5)　$a^2 - 2a - 9b^2 + 6b$　を因数分解せよ。

(6)　$\dfrac{\sqrt{3}-\sqrt{2}}{\sqrt{6}} - \dfrac{\sqrt{6}-1}{2\sqrt{3}}$　を計算せよ。

(7)　大小2個のさいころを同時に投げたとき，出た目の積が4で割り切れない確率を求めよ。

(8)　ある水槽を空の状態から満水にするのに，毎分13 Lの割合で水を入れると，毎分15 Lの割合で水を入れるよりも4分多くかかる。この水槽の容積は何Lか求めよ。

(9)　yはxに反比例し，$x=-6$のとき$y=35$である。$x=14$のときのyの値を求めよ。

(10)　下の図において，BDの長さを求めよ。

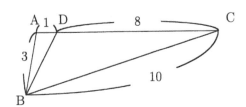

(11)　下の図は底面の半径が7，母線の長さが18の円錐である。
　　　この円錐の表面積を求めよ。

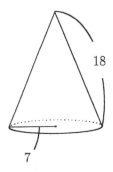

⑿ 下の図のような円の一部と直角三角形を組み合わせた図形を，直線 ℓ を軸として1回転してできる立体の体積を求めよ。

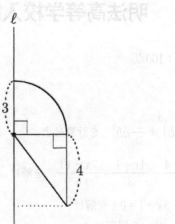

【2】 あるテーマパークに入園するための通常料金は大人1人につき x 円，子供1人につき y 円であり，大人と子供の合計人数が20人以上のときの団体料金は，大人が3割引き，子供が2割引きである。大人7人と子供12人の通常料金の総額は，大人9人と子供16人の団体料金の総額と等しく，大人9人と子供16人の通常料金の総額よりも17600円安い。次の間に答えよ。

⑴ x，y についての連立方程式をつくれ。

⑵ x，y の値を求めよ。

【3】 図のように，△ABCの辺AB上にAD：DB＝3：2となる点Dをとり，辺AC上にDE∥BCとなる点Eをとる。また，DE上にDF：FE＝5：1となる点Fをとり，辺BC上にBG：GC＝1：2となる点Gをとる．

直線AFとBCの交点をP，AGとDEの交点をQ，CQとAP，ABの交点をそれぞれR，Sとするとき，次の間に答えよ。

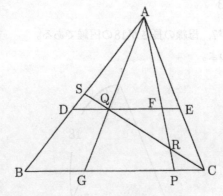

⑴ FE：PC を求めよ。

⑵ GP：PC を求めよ。

⑶ SQ：QR：RC を求めよ。

⑷ 面積の比 △SDQ：△FQR を求めよ。

【4】 下の図のように，2つの放物線$y = \dfrac{1}{2}x^2$，$y = ax^2$があり，

y軸，$y = \dfrac{1}{2}x^2$，$y = ax^2$上でy座標が2となる点をそれぞれP，Q，Rとする。また，Qからx軸に下ろした垂線と$y = ax^2$との交点をSとする。

PQ：PR＝1：2であるとき，次の問に答えよ。

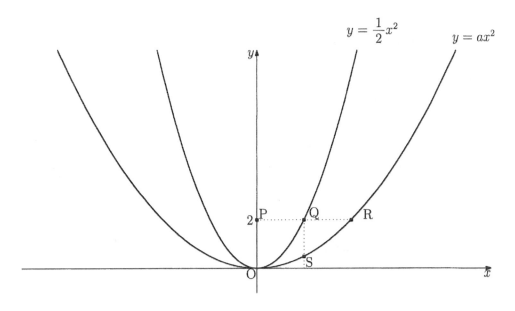

(1) aの値を求めよ。

(2) 直線SRの式を求めよ。

(3) 放物線$y = ax^2$上の点で，△PSR＝△TSRとなる点Tの座標を求めよ。ただし，点Tのx座標は正とする。

(4) 点Tを通り，△TSRの面積を2等分する直線と，直線SRの交点をUとする。△PSUと△TURの面積の和を求めよ。

(5) 四角形PURTの面積を求めよ。

【英　語】（50分）〈満点：100点〉

【　1　】 次のリスニング問題（第1部，第2部）に取り組みなさい。

［第1部］

次に放送される2人の人物による会話を聴いて，それに関する質問の答えとして最も適切なものを，選択肢(a)～(d)のうちから1つずつ選び，記号で答えなさい。会話と質問は**1回だけ**読まれます。

問1　**What is true about the boy?**

(a)　He had a great day on Saturday.

(b)　He is a big fan of art.

(c)　He learned about the art show from his brother.

(d)　He likes to talk about paintings.

問2　**Why is the woman thinking about selling her car?**

(a)　Because cars are bad for the environment.

(b)　Because it is expensive to use one.

(c)　Because she is going to buy a new car.

(d)　Because she wants to buy a hybrid car.

問3　**What will the man do next?**

(a)　Ask where the station is.

(b)　Buy a train ticket.

(c)　Tell the girl the way to Harajuku.

(d)　Walk to Harajuku.

問4　**What do we learn about the girl?**

(a)　She is entering high school.

(b)　She is going to become a shop clerk.

(c)　She is interested in working in the health field.

(d)　She is thinking about studying abroad.

［第2部］

次に放送される英文を聴いて，それに関する質問の答えとして最も適切なものを，選択肢(a)～(d)のうちから1つずつ選び，記号で答えなさい。英文と質問は2回読まれます。

問1　**What happened to Malala in 2012?**

(a)　She did terrible things to the Taliban.

(b)　She was shot in the head.

(c)　She won the Nobel Prize.

(d)　She wrote a letter to the British media.

問2　**Why do many people respect Malala?**

※本問では適切なものを**すべて**（＝正解が1つとは限らない）選び，記号で答えなさい。

(a)　Because she never gives up hope.

(b)　Because she talks about the importance of education for girls.

(c)　Because she used her prize money to help others.

(d) Because she went to school though it was not her father's wish.

※リスニングテストの放送台本は非公表です。

【 2 】 次の文章を読み，問いに答えなさい。

> 次の英文は，身近にいる人々の声や物語をインタビュー録音するStoryCorps（ストーリー
> コー）という全米の公共ラジオ放送で流された内容を文字にしたものである。引用符が付
> されたところは，Ronald Clark（ロナルド・クラーク）が，娘のJamilah（ジャミラ）に語
> り語りかける部分である。

When he was younger, Ronald Clark lived in the library.

*Literally.

When New York City's public libraries were first built, each one had an （ 1 ） on the third floor for a *live-in *caretaker. He kept the library clean and its *coal heater burning.

Caretakers often lived in the buildings with their families. Ronald's father, Raymond, was one of those caretakers, and he and his family lived on the top floor of the Washington Heights library in upper Manhattan. They moved there in 1949, when Ronald was 15 years old. In the 1970s, Ronald raised his own daughter, Jamilah, in the same apartment until she was five.

The job of a library caretaker, Ronald tells Jamilah at StoryCorps, is like being "the keeper of the (2)temple of knowledge."

"(3)In some libraries, it's all chewing gum wrappers and dust. At my dad's library, you only saw *wax. He even *waxed the tops of the bookshelves," Ronald says. "And when you walked up those *stairs and looked down on so many books, they were shining."

At first, Ronald says, (4)he felt bad about his unusual home. "You always want to be normal. I never invited any of my friends to visit," he says. Still, he says, nobody else had as many books as he had.

And when the library closed for the day, he （ 5 ） being the only kid in the building.

"I could run and shout and jump. And if I had any question about anything, I just got up in the middle of the night, went down, got out a book, read until three o'clock in the morning," he says. "I began to realize how great I had it because the library taught me the joy of learning【ア】."

He says his time living in the library really shaped him. While living there, he started to pay attention to books. Before he knew it, he was walking past thousands of titles and choosing the most interesting ones to take to a table, or going downstairs at all hours of the night to learn something new【イ】.

(6)One of the most important *moments of his life was a winter night in 1951: At that time, he was in bed and thinking about how science and the view of evolution did not agree with the stories in the *Bible. He got up at two a.m., went downstairs, turned on the light, and went to the *religion section to get a Bible. He put it on the floor side by side with an *encyclopedia that told all the facts about *evolution and started reading【ウ】.

He was the first in （ 7a ） family to finish high school, and after college, he got a position as a professor teaching history at a local college 【エ】.

"I took my dad, and I showed him the classroom and (7b) name on the door — Professor Clark. He just smiled. (8)You know how Daddy is, quiet. But... I saw *the way he looked at it," Ronald says. "He wanted me to have big dreams, and I cannot really even imagine my life (9) the library."

(注) literally 文字通り   live-in 住み込みの   caretaker 管理人   coal 石炭
      wax ワックス, 〜にワックスを塗る   stair (通例〜s)階段   moment 時   Bible 聖書
      religion 宗教   encyclopedia 百科事典   evolution 進化   the way 〜する方法, 〜の仕方

(A) 空所 (1) には本文の他の箇所で使われている1語が入る。その語を答えなさい。

(B) 下線部(2)が表す意味を5文字（日本語）以内で答えなさい。

　　*knowledge＝understanding of or information about a subject that you get by experience or study, either known by one person or by most people

(C) 下線部(3)が表す内容として最も適切なものを1つ選び，記号で答えなさい。
　ア　飲食することが許されていない図書館があった。
　イ　ガムを噛むことができる図書館があった。
　ウ　清掃が行き届いてない図書館があった。
　エ　埃（ほこり）をはらってから借りる必要がある図書館があった。

(D) 下線部(4)から読み取れること事柄として適切なものを，すべて（＝正解が1つとは限らない）選び，記号で答えなさい。
　ア　他人と同じようでありたい。　　イ　他人とは異なっていたい。
　ウ　他人の家を訪ねてみたい。　　エ　他人を自分の家に招きたい。

(E) 空所 (5) に入る語として最も適切な語を1つ選び，記号で答えなさい。
　ア　enjoyed　　イ　finished　　ウ　wanted　　エ　was sorry for

(F) 次の英語が来る位置は，本文中【ア】〜【エ】のうちでどこが最も適切か。1箇所選び，記号で答えなさい。
　— and this just never left me

(G) 下線部(6)を日本語に直しなさい。

(H) 空所 (7a)，(7b) に入る英語の組み合わせとして最も適切なものを1つ選び，記号で答えなさい。
　ア　(7a) his　　(7b) its　　　　イ　(7a) his　　(7b) my
　ウ　(7a) its　　(7b) his　　　　エ　(7a) its　　(7b) my
　オ　(7a) my　　(7b) his　　　　カ　(7a) my　　(7b) its

(I) 下線部(8)から読み取れることとして適切なものを，すべて（＝正解が1つとは限らない）選び，記号で答えなさい。
　ア　いつもの父とは違う様子　　　　イ　感情を露わにしない冷徹な父の姿
　ウ　突然現れた父の体調の異変　　　エ　わが子を誇らしく思う気持ち

(J) 空所 (9) に入る語として最も適切な語を1つ選び，記号で答えなさい。
　　ア　in　　　イ　for　　　ウ　out of　　　エ　without

(K) 本文の内容と**合致しない**ものを1つ選び，記号で答えなさい。

ア Ronald lived in the apartment above the library until his father Raymond joined him at the age of fifteen.

イ Ronald was influenced a lot by growing up living in his unique house.

ウ Ronald was helped greatly by so many books when he wanted to know more about difficult subjects.

エ Ronald was so interested in learning that he often used the library after it was closed.

【 3 】 次の文章を読み，問いに答えなさい。

People use social networking sites because they're "fun." They help us connect with friends. They give us interesting information. They make us happy. Right? [1]. I recently read a magazine article about social networking sites. The article says that they can actually make people feel angry and frustrated. [2]. People usually post happy things — photos of parties, vacations, friends, and family. [3], and I look at the posts and feel bad. I think, "All my friends are happy. But I'm bored. What's wrong with me?" (X) sometimes I post a photo, (Y) only two people comment on it, (Z) I think people don't like me. I know it's silly to feel this way. Do other people have this problem?

(注) article 記事　　frustrated いらいらして　　post ～を投稿する

(1) 文の意味が通るように，空所 [1]～[3] に入れるのに最も適切なものを，後のア～エの中から選び，記号で答えなさい。ただし，同じ記号を2回以上用いてはならず，2回以上用いた場合は，当該箇所について点を与えない。

ア But sometimes I'm at home studying　　イ I think the article is right

ウ Sounds like a plan　　エ Well, maybe not

(2) 空所 (X)，(Y)，(Z) に入る語の組み合わせとして最も適切なものを1つ選び，記号で答えなさい。

ア And — or — so　　イ And — so — or

ウ Or — and — so　　エ Or — so — and

オ So — and — or　　カ So — or — and

【 4 】 英作文の問題(A), (B)に答えなさい。

(A) あなたは授業で学校の図書館にマンガを置くことに賛成か反対で討論を行うことになりました。いずれかの立場で考えを述べてください。

＜条件＞

・必ず「賛成」「反対」いずれかの立場を選択すること。

・40語以上（短縮形やハイフンの付いた単語も1語と数えます）書くこと。

＊必要に応じて，以下の英語表現を参考にしなさい。

私は～だと思う　I believe that ...

第1に～　Firstly, ...　　第2に～　Secondly, ...

学校の図書館にマンガがある　school libraries have manga / ... have manga in school libraries

これは～だからだ　This is because ...

(B)　必要に応じて語の形を変えた上で，空所に英語を補いなさい。ただし，**解答は3語以内**とする。

(1)

A：＿＿＿＿＿＿＿＿＿＿ (*you / be*) to the U.S.?

B：Yes, I have. I＿＿＿＿＿＿＿＿＿＿ (*go*) to New York last year.

(2)

A：What are you doing?

B：I'm reading an＿＿＿＿＿＿＿＿＿＿ (*email / write*) in English. There're so many words I don't know.

【　5　】　次の設問(A), (B)に答えなさい。

(A)　各組で下線部（前置詞）が**正しくない**ものを指摘し，記号で答えなさい。

(1)

ア　Almost 70 percent of the world is covered <u>by</u> water.

イ　Hawaii is famous <u>for</u> its beautiful beaches.

ウ　Tairano Kiyomori was born <u>in</u> February 10th, 1118.

エ　Is this the bus <u>to</u> Shibuya Station?

(2)

ア　We'll stay here <u>by</u> next Sunday.

イ　It is important <u>for</u> you to keep early hours.

ウ　Those students look great <u>in</u> the school uniform.

エ　Turn <u>to</u> the left and you'll see the big sign of Meiho.

(3)

ア　We went to the police station <u>by</u> Ken's car.

イ　I paid 3,000 yen <u>for</u> the dictionary.

ウ　Susan had some flowers <u>in</u> her hand.

エ　It's 15 minutes <u>to</u> five o'clock.

(B)　次の英文の下線部(1)〜(3)を，意味が通る正しい英語に直しなさい。なお，文頭に来る語も小文字で示されている。

Diamonds are very expensive. (1)(is / do / think / the reason / you / what)? It is not because they are *rare. In fact, they are not very rare at all. There are more (2)(are / diamonds / in / people / than / there / the world) who want diamonds. So why are they so expensive? Because only a few companies control the diamond *industry. So, it is not surprising that (3)(are / but / *emeralds or *rubies / like / natural stones / rarer / that they) are usually cheaper than diamonds.

(注)　rare　稀少な，珍しい　　industry　産業　　emerald　エメラルド　　ruby　ルビー

イ 平四郎は政五郎へのご褒美に麩饅頭を手に入れ、夏に本所元町を訪ねた。

ウ おでこは平四郎の訪問時には座敷で手習いをし、元通りに生活していた。

エ おでこは植木屋に 〝いい身分だ〟 や 〝穀潰し〟 と言われても気にならなかった。

【三】 次の古文を読んで、後の問いに答えよ。

帝姫阿陪（ていきあべ）の天皇の御世（みよ）の天平神護の二年の丙午（ひのえうま）の秋の九月に、ひとつの山寺に至りて、日を累ねて止まり住む。その山寺の内に、忽然ちに弥勒菩薩の像化生（けしゆう）したまふ。時にその行者、見て仰ぎまぼり、柴を巡りて哀しび願ふ。その柴の枝の皮の上に、忽然ちに弥勒菩薩（みろくぼさつ）の像化生（けしゆう）したまふ。時にその行者、見て仰ぎまぼり、柴を巡りて哀しび願ふ。すなはち供へ上れる一切の財物をもて、奄然（たちま）に現れざりき。諸人伝へ聞き、来りてその像を見まつる。あるいは俵の稲を献る。あるいは銭・衣（きぬ）を献る。よりて斎会を設く。すでにしてその像、瑜伽論（ゆがろん）百巻を繕写したてまつり、ちに現れざりき。

誠に知る、弥勒は高く兜率天（とそつてん）の上に有して、願に応へて示したまふところなり。願主は下の苦縛の凡地に在りて、深く信けて祐を招くといふことを。なにぞさらに疑はむ。

＊　化生…突然姿を現す。
　瑜伽論…インドの無着が弥勒菩薩から授けられたという教説。「行者」はこの論書百巻の書写を願っていた。
　斎会…仏事を催して僧や参会者に食事を供すること。
　兜率天…仏教の世界観における天界の一つ。

（『日本霊異記』）

問一 ──線①とあるが、月の異名としての読みをひらがなで答えよ。

問二 ──線②の主語を次の中から一つ選び、記号で答えよ。
ア 弥勒菩薩の像　　イ 帝姫阿陪の天皇
ウ 行者　　エ 諸人

問三 ──線③を現代仮名遣いに直し、すべてひらがなで答えよ。

問四 ──線④の現代語訳として最適なものを次の中から選び、記号で答えよ。
ア 突然姿を消してしまった。
イ ゆっくりと正体を現した。
ウ 全く効き目がなかった。
エ 急には本性を出さなかった。

問五 ──線⑤で見られる古文特有のきまりのことを何と呼ぶか、答えよ。

問六 本文の内容に合うものを次の中から一つ選び、記号で答えよ。
ア 人々は瑜伽論百巻を書き写すことを願って、銭や衣を弥勒菩薩に献上した。
イ 斎会を開催したので、弥勒菩薩は天上の世界から人間界に下りてきた。
ウ 弥勒菩薩の像が柴の枝に姿を現すと、行者や人々は尊いものとしてそれを見た。
エ 帝姫阿陪は山寺に住むことで信仰心が深くなり、幸福を招こうとした。

「もう、うじうじするんじゃねえぞ」

「あい」

今度は言葉に出して、おでこは返事をした。そのとき、油蟬の鳴き声が急に止んだ。と、政五郎が呼ぶ声が聞こえてきた。

「おーい、おでこ！」

「おーい、おでこ！　大親分がお呼びだぞ！」

「はぁい！」

おでこは飛びあがった。

「ただ今参ります！」

（ⅲ　）した足取りで座敷を出てゆく。その勢いで、手習いの紙がふうと舞い上がり、畳の上に落ちた。平四郎はそれを拾った。

「ひぐらし」と、書いてあった。

　　＊岡っ引き…江戸時代、役人の手先として賊を捕らえた者。
　　　おまんま…ご飯。

《『日暮らし』宮部みゆき》

問一　━━線A〜Dのカタカナを漢字に直せ。

問二　━━線a〜cの漢字の読みをひらがなで書け。

問三　（ⅰ　）〜（ⅲ　）に入る最適な語を次の中からそれぞれ選び、記号で答えよ。

　　ア　もごもご　　イ　ぶらぶら　　ウ　ぽかぽか

　　エ　よろよろ　　オ　うろうろ

問四　「Ⅰ」〜「Ⅳ」に入る最適な言葉を次の中からそれぞれ選び、記号で答えよ。

　　ア　植木屋さんが来ました

　　イ　あい。あたいたちだけで手入れしていますと、どうしても木の姿が崩れますから、年に一度くらいは来てもらいます

　　ウ　あたいは木を植えました

　　エ　この家にか

　　オ　大手柄の後だ。ちっと決まりの悪いことでも、今なら言いやすいんじゃねえか

問五　━━線①の意味として最適なものを次の中から選び、記号で答えよ。

　　ア　結果が出て　　イ　始めから終わりまで

　　ウ　うまい具合に　　エ　希望どおりに

問六　━━線②とあるが、どのような「きっかけ」なのか、答えよ。

問七　━━線③とあるが、その内容を五〇字以内で答えよ。

問八　本文の表現の特色として適切なものを次の中から一つ選び、記号で答えよ。

　　ア　テンポよく新しい段落に進み、政五郎がおでこに伝えたい思いを表現している。

　　イ　会話文を多用し、平四郎とおでこの心情や行動を生き生きと描いている。

　　ウ　一文を長くすることで情景を詳細に描写し、読者の想像力をかきたてている。

　　エ　現在と過去とを交互に描き、おでこの複雑な心情をわかりやすく解説している。

問九　本文の内容に合うものを次の中から一つ選び、記号で答えよ。

　　ア　平四郎はおでこのもとを訪ねて悩みを聞き出し、安心するよう元気づけた。

ぜんたい、何があったんだいと、平四郎は直截（ちょくせつ）に訊いた。

平四郎が腹のなかで十数えるあいだ、おでこは下を向いて黙っていた。
油蟬（あぶらぜみ）がびいんびいんと鳴きサ　ワ　ぐ。

「　Ｉ　」

「　Ⅱ　」と、おでこは小声で言った。

「　Ⅲ　」

「　Ⅳ　」

「ふうん。それでどうした」

おでこはちょっと、手で目をこすった。

「あたいのような居候は」と、囁（ささや）くように言った。「親分に無駄飯を食わせてもらっているのだから有り難いと思わなきゃバチがあたるぞと仰せでした」

平四郎は腕組みをして考えた。おでこの言葉は、たぶん正確なものではないだろう。植木屋はもっと嫌な言い方をしたに違いない。"幸せ者"じゃなくて、"いい身分だ"とか。"居候"じゃなくて、"穀潰（ごくつぶ）し"とか。

「大人ってのは、たまにそういう意地悪を言いたくなることがあるんだよ。特に、この暑さじゃな」

おでこはぴょこんとうなずいた。

植木屋に言われた言葉だけが、おでこを傷つけたわけではなかろう。不躾（ぶしつけ）な言葉はただのきっかけだ。それ以前から、おでこの心には何らかのわだかまりがあったのだ。

自分はこの家にいていいのだろうか。

確かに世の中には、額に汗をし大骨を折り、やっとこさ日々の暮らしを立てている人びとが大勢いる。それに引き替え、自分は何をしているのだろう――おでこはそう考えてしまったのだ。

ここでおまんまをいただいていて、本当にいいのだろうか。それに見合う働きを、自分はしているだろうか。そんな自信は、おでこにはなかったと言えるだろうか。だから、顔を伏せて謝りながら、飯を食うことができなくなってしまったのだ。

「おめえも、そういうことを考える年頃になったわけだ」平四郎は笑った。「おめえは充分、政五郎の手下として働いてるよ。今度のことで、よくわかったろ？」

おっかさんが恋しいわけでも、片恋でもなかった。もっともっと――むしろ「大人らしい」ことで悩んでいたわけだ。

おまんまのいただき方は、人それぞれに違う。違うやり方しかできない。自分にできるやり方をするしかないし、それしかやりたくないのが人のわがままだ。それでも平四郎はふと考えた。白秀も、似顔絵扇子を描きながら、自分はここでこんなことをしていていいのかなあと、自問したことはなかったのかなあと。

【二】 次の文章を読んで、後の問いに答えよ。

平四郎は江戸時代の警察にあたる下級役人である。岡っ引きの政五郎は「おでこ」と呼ばれる子の親分であると同時に、親代わりである。物覚えの良いおでこの活躍もあり、絵師の秀明が殺された事件の犯人が捕まった。

　芸は身を助けるが、身を滅ぼしもする。それでも、何かおまんまに繋がる芸を持つ者は、それを手放すことはできないのだろう。

　探索の結果も、三十五年前とは違った。平四郎がおでこから白秀たちのことを聞き出してから、きっかり五日後、外神田の小間物屋で扇子に似顔絵を描いていた絵師が捕らえられて、今度は首尾良く、彼に口を割らせ、頭目までたどりつくことができたのだ。

　平四郎の推量は、ほとんどのところがあたっていた。ただしこの二代目は何と女で、だから秀明が頭目から逃げ出したのは、単に押し込み強盗が嫌になっただけでなく、そこには男女の揉め事も絡んでいるようであった。

　秀明を殺したのもこの女頭目で、捕らえられた彼女はそれを白状しながら涙したそうだ。

　平四郎は二代目だった。白秀と秀明は確かに親子で、一味の頭目は二代目だった。

いずれにしろ、読売りが欣喜雀躍する事件である。外神田では完全に差配違いだから、平四郎は「読売りだよう、読売りだよう」の声が市中を駆け回るのを聞きながら、うだるような暑さのなかで居眠りをした。

　しばらくして目を覚ますと、小平次を呼んで一枚買わせ、細君に言って小女を走らせ、日本橋の菓子屋で、評判の麩饅頭を買ってこ

ろうと、おっかさん代わりのおかみさんを泣かせるのは良くねえな」

させた。水で冷して食うと、とろりとした舌ざわりでほんのり甘く、旨い菓子だ。

　それを持って、本所元町を訪ねた。

　政五郎のかみさんに挨拶してから奥へ行くと、おでこは起きていて、あのちんまりした座敷で手習いをしていた。首から古川薬師のお守りをさげている。それが効いたのか、政五郎のかみさんの想いが通じたのか、この数日は重湯だけでなくおかゆも食べるようになってきたそうである。それでも、絶食のせいで身体も腹も弱っているから、すぐには元通りにはならないだろう。

　「おめえにご褒美だ」

　平四郎は麩饅頭の包みを（　i　）させた。

　「お手柄だったな」

　おでこはひどく恐縮した。広い額が色つやを失っている。瞳もまだぼんやりとしている。平四郎は彼のワキに座り込んで、手習いの具合をながめようとしたが、おでこはさっと手で隠してしまった。

　平四郎は笑った。「何だよ。まあしかし、元気になるまでは、せいぜい読み書き算盤の稽古にハゲむんだな。働きだせば、またそんな暇はなくなっちまうんだから」

　何か言いたそうに口を（　ii　）させて、おでこは結局黙ってしまった。

　「おかみさんに泣かれたそうじゃねえか」

　おでこの目のフチが赤くなった。

　「本当のおっかさんであろうと、おっかさん代わりのおかみさんであ

持っていたり、そして何よりも共通の会話スタイルを持つことは、すべて空気を共有するためなのである。

空気とは日本語のコミュニケーションにおける、重要な要素であると言わなくてはならない。なぜならば、空気とは一対一の関係性そのものだからだ。

（『関係の空気』「場の空気」冷泉彰彦）

問一　──線A〜Cのカタカナを漢字に直せ。

問二　──線a〜cの漢字の読みをひらがなで書け。

問三　「Ⅰ」〜「Ⅳ」に入る最適な言葉を次の中からそれぞれ選び、記号で答えよ。

ア　わかんなーい

イ　はい、おじちゃんはパパのおともだちだよ

ウ　君の叔父である私は、君のお父さんの友人ではない。弟だ。理解したかな？

エ　ルミちゃんにはしゅん君がいるでしょ。おじちゃんは、パパのしゅん君なんだよ

オ　おじちゃんは、パパのおともだちじゃないよ。パパの弟なんだよ。ルミちゃんわかるかな

問四　次の一文は本文から省かれているが、この文が入る最適なところを《ⅰ》〜《ⅳ》の中から選び、記号で答えよ。

ロサンゼルスの国際空港に「ふるさとの訛」を本当に意味もなく聞きに行くことがあるというのだ。

問五　──線①とあるが、どのような点が同じなのか、答えよ。

問六　──線②の歌は何句切れか、答えよ。

問七　──線③を言いかえた表現を本文から二〇字以上二五字以内で抜き出せ。

問八　──線④の品詞分解として最適なものを次の中から選び、記号で答えよ。

ア　動詞＋名詞＋助詞＋動詞

イ　動詞＋名詞＋助詞＋動詞＋動詞

ウ　動詞＋名詞＋助詞＋名詞＋助詞＋動詞

エ　名詞＋助詞＋動詞＋助詞＋動詞

問九　本文の内容に合うものを次の中から一つ選び、記号で答えよ。

ア　鉄道業界は航空業界に比べてなぜか業界の専門用語を消費者の前でより多く用いてきた。

イ　方言での会話は、地元で聞いても故郷を離れた場所で聞いても強い懐かしさを感じさせる。

ウ　日本語は「関係の空気」を情感の表現や情報の効率化や価値観共有の確認に生かしてきた。

エ　相手と同じ会話のスタイルを使う最大の理由は、業界内部の人間を気取りたいからである。

明法高等学校

2021年度－13

問題があったのだろう。空気を感じながら日本語を使うことで、自分が安心できる、それが満たされないときに、「訛なつかしい」という感情が止められなくなったのではないだろうか。《 iii 》

どうやら空気というものは、言語スタイルに関係が深いようだ。

《 iv 》

③ 例えば業界の専門用語などに「引きずられる」現象のことを考えてみよう。

空港のチェックインカウンターで、先を急ぐ客に対して航空会社の係員がこう告げたとする。

「お客様、申し訳ありませんが、○○便は、機材繰りのため欠航しますので、△△便に振り替えさせていただきます。いま、お席をお調べしますので……」

便がキャンセルされたのを「欠航」というのはまあ普通の日本語の語彙[a]と言って良いだろう。だが「機材繰り」というのは明らかに業界の内輪言葉である。ちなみに鉄道業界であれば「折り返しの車両がございませんので」というようなもっとわかりやすい表現をするだろう。だが、どういうわけか航空業界では業界用語を消費者の前で使う習慣が強い。ところで、こう告げられたカウンターの客であるが、この言葉に「引きずられる」ことがあるのだ。

「機材繰りって言ったって、困るねえ。△△便では二時間も遅れるし、何とかならないかねえ」

こんな感じで、無意識のうちに「内輪言葉」に引っ張られることは、往々にしてあるものだ。その業界の人間ではなくても、飛行機の話をその業界の人間としているうちに「シップ」がどうの、「エクイップメント」がどうの、「ランディング」がどうのと言い出すし、TV局の人と話していれば「だいぶ押してたけど、巻きを入れてたようだね」などと平気で話すようになる。

これは、何も専門用語を話すことで「業界の内部の人間」を気取りたいということや、専門家からバカにされたくない、という意識だけではないのだ。とにかく、相手と同じ会話のスタイルを使って、「関係の空気」を維持したいという無意識の判断が大きいのではないだろうか。

空気を維持するために、話し手と聞き手の間で会話のスタイルが共通化されるように選択されていく、この作用は時には、新語や造語が濫発され、瞬く間に広がっていく原因ともなる。また、日本語の初心者④や、幼児に対して「正統的な日本語」を会話を通じて教えることを阻害している[b]ということもシテキ[c]できる。特に日本語が国際化する中で、「学習途上の日本語」を喋る人間が日本社会に増えていく時代には、学習者の日本語を「上手ですね」とほめながら「外国人の日本語」の枠内にとどめて安心するのではなく、しっかりと日本語で「相手をしてゆく」話法の開発が必要であろう。

だが、そのような問題はあるにしても、個別の一対一の会話においては、日本語は「関係の空気」を利用することでコミュニケーションの質を確保してきたのは事実である。空気を使って情報の効率を高めてきたのも事実なら、空気を使って、濃密な情感を表現したり、抽象[c]度の高い価値観の共有を確認したりもしてきたのである。

気心知れた同僚同士で、家族の中で、あるいは恋人や友人同士で、自明の前提は省略して話したり、お互いだけに通じる略語や隠語を

【国　語】　（五〇分）〈満点：一〇〇点〉

【注意】字数制限のある設問は、句読点等をふくみます。

【二】次の文章を読んで、後の問いに答えよ。（設問の都合上、一部を改変している。）

外国人相手の日本語というと、相当に特殊な話だと思われる方もあるだろう。

だが、幼い子供相手の日本語というのはどうだろう。

久しぶりに会った四歳児の姪に対する三十五歳の「おじさん」の場合を考えてみよう。

さて、四歳児からこう聞かれた男三十五歳はどうするだろう。

「あのね。おじちゃんって、パパのおともだちなの？」

こんな風に喋る「叔父」はいないのであって、普通は次のような会話が自然だろう。

「　I　」

「　II　」

「　III　」

四歳の女の子に「わかんなーい」などと言われてひるんではいけない。このルミちゃんには、二歳の弟の「しゅん君」がいたとする。ならば、こんな説明を試みるべきであろう。

「　IV　」

「そーか、おじちゃんのパパとママは、パパのパパとママとおなじなんだね」

「そうなんだよ。えらいねー、ルミちゃんは、さすが大きいおねえちゃんだねえ」

ということで、見事にコミュニケーションが成立する。これも空気を維持するために、無意識のうちに会話のスタイルの共通化が図られているのである。三十五歳の男が、自分の一人称として「おじちゃん」を使うからといって、笑ってはいけない。この会話スタイルは「ルミちゃん」が幼児語しか理解しないだろうという冷静な判断に基づいて行われるのではなく、あくまでも会話の空気を維持するために無意識のうちに行われるのだと言って良いだろう。

①方言も同じだ。

その方言での会話は地元では、それが普通の言葉であって何の不思議もない。だが、故郷を離れた場所で「お国言葉」を聞くと、たまらない懐かしさを感じるものだ。石川啄木の有名な歌に、

②ふるさとの訛なつかし　停車場の人ごみの中に　そを聴きにゆく

というのがあるが、これは方言という言葉自体が懐かしいだけではなく、その言語のスタイルが持っている空気が懐かしいのだ。久しぶりに方言を聞くと、故郷の風景や人の顔がよみがえる、そんなことを言う人も多いが、これも極度のホームシックにかかっているというよりも、言語のスタイルが空気と結びついているからであろう。《　i　》

十年以上も昔、アメリカ西海岸の日系企業に〔A〕チュウザイしている日本人の経理マンから、こんなことを聞いた。自分はアメリカに来て啄木の歌の意味が本当にわかったのだという。《　ii　》

意に反して海外に〔B〕ハケンされている彼の苦労が偲ばれ、何とも言えない気持ちになったのだが、この経理マンの場合も、アメリカで英語に苦労しているとか、日本語に飢えているということの本質に空気の

MEMO

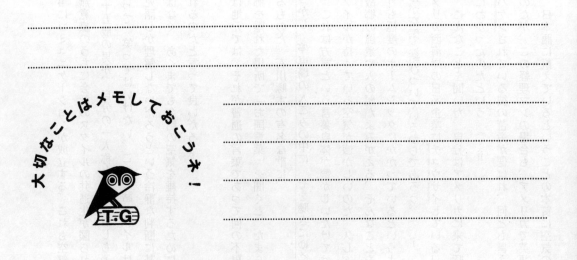

大切なことはメモしておこうネ！

2021年度

解 答 と 解 説

《2021年度の配点は解答欄に掲載してあります。》

＜数学解答＞

【1】 (1) $-8ab$ (2) $x=3$ (3) $x=\dfrac{2\pm\sqrt{6}}{4}$ (4) $x^2-4x+4-y^2$

(5) $(a-3b)(a+3b-2)$ (6) $-\dfrac{\sqrt{3}}{6}$ (7) $\dfrac{7}{12}$ (8) 390L (9) $y=-15$

(10) $\dfrac{10}{3}$ (11) 175π (12) 42π

【2】 (1) $7x+12y=0.7x\times9+0.8y\times16,\ 7x+12y=9x+16y-17600$ (2) $x=3200,\ y=2800$

【3】 (1) $3:5$ (2) $3:1$ (3) $7:18:10$ (4) $7:27$

【4】 (1) $a=\dfrac{1}{8}$ (2) $y=\dfrac{3}{4}x-1$ (3) T$(8,\ 8)$ (4) 3 (5) $\dfrac{27}{2}$

○配点○

【1】 各4点×12 【2】 (1) 6点 (2) 4点 【3】 (1)・(2) 各4点×2

(3)・(4) 各6点×2 【4】 (1)・(2)・(4) 各4点×3 (3)・(5) 各5点×2 計100点

＜数学解説＞

【1】 （数・式の計算，1次方程式，2次方程式，展開，因数分解，平方根，確率，1次方程式の応用，
反比例，相似，円錐の表面積，回転体の体積）

(1) $\dfrac{9}{4}a^5b^6\div\left(-\dfrac{3}{4}ab\right)^3\div\dfrac{2}{3}ab^2=\dfrac{9a^5b^6}{4}\div\left(-\dfrac{27a^3b^3}{64}\right)\div\dfrac{2ab^2}{3}=-\dfrac{9a^5b^6}{4}\times\dfrac{64}{27a^3b^3}\times\dfrac{3}{2ab^2}=$
$-\dfrac{9a^5b^6\times64\times3}{4\times27a^3b^3\times2ab^2}=-8ab$

(2) $\dfrac{7x+4}{5}-\dfrac{4x-1}{3}=\dfrac{7x-13}{6}$の両辺を30倍する。$6(7x+4)-10(4x-1)=5(7x-13)$ $42x+24-$
$40x+10=35x-65$ $42x-40x-35x=-65-24-10$ $-33x=-99$ $x=3$

(3) $8x^2-8x-1=0$ 解の公式を利用する。$x=\dfrac{-(-8)\pm\sqrt{(-8)^2-4\times8\times(-1)}}{2\times8}=\dfrac{8\pm\sqrt{96}}{16}=$
$\dfrac{8\pm4\sqrt{6}}{16}$ $x=\dfrac{2\pm\sqrt{6}}{4}$

(4) $(x+y-2)(x-y-2)=\{(x-2)+y\}\{(x-2)-y\}=(x-2)^2-y^2=x^2-4x+4-y^2$

(5) $a^2-2a-9b^2+6b=a^2-9b^2-2a+6b=(a+3b)(a-3b)-2(a-3b)=(a-3b)(a+3b-2)$

(6) $\dfrac{\sqrt{3}-\sqrt{2}}{\sqrt{6}}-\dfrac{\sqrt{6}-1}{2\sqrt{3}}=\dfrac{\sqrt{6}(\sqrt{3}-\sqrt{2})}{6}-\dfrac{\sqrt{3}(\sqrt{6}-1)}{6}=\dfrac{\sqrt{6}(\sqrt{3}-\sqrt{2})-\sqrt{3}(\sqrt{6}-1)}{6}=$
$\dfrac{3\sqrt{2}-2\sqrt{3}-3\sqrt{2}+\sqrt{3}}{6}=-\dfrac{\sqrt{3}}{6}$

(7) 大小2個のさいころを同時に投げるとき，目の出方は全部で6×6＝36(通り) このうち，目
の積が4になるのは(大，小)＝(1, 4), (2, 2), (4, 1) 8になるのは(2, 4), (4, 2) 12に
なるのは(2, 6), (3, 4), (4, 3), (6, 2) 16になるのは(4, 4) 20になるのは(4, 5), (5,
4) 24になるのは(4, 6), (6, 4) 36になるのは(6, 6) あわせて3+2+4+1+2+2+1＝

15（通り）が目の積が4の倍数になる場合である。4でわりきれないのは $36-15=21$（通り）なので、出た目の積が4で割り切れない確率は $\dfrac{21}{36}=\dfrac{7}{12}$

(8) 毎分13Lの割合で入れたときに満水になるまで x 分かかるとすると、毎分15Lの割合で入れたときは満水になるまで $x-4$ 分かかる。水量は同じはずなので、$13x=15(x-4)$　　$13x=15x-60$　　$-2x=-60$　　$x=30$　　水槽の容積は $13\times30=390$（L）

基本 (9) 比例定数を a とおくと、$xy=a$ と表すことができる。$x=-6$ のとき $y=35$ なので $-6\times35=-210=a$　　$xy=-210$　　$x=14$ のとき　　$14y=-210$　　$y=-15$

(10) $AB:AD=3:1$, $AC:AB=9:3=3:1$ より　　$AB:AD=AC:AB$　　$\angle BAC=\angle DAB$ 2組の辺の比とその間の角がそれぞれ等しいので、$\triangle ABC\sim\triangle ADB$　　$CB:BD=AB:AD$

$10:BD=3:1$　　$BD=\dfrac{10}{3}$

(11) $7\times7\times\pi+7\times18\times\pi=175\pi$

重要 (12) できあがる立体は、上部は半球、下部は円柱から円錐をくりぬいたものになる。$\dfrac{4}{3}\pi\times3^3\times\dfrac{1}{2}+3\times3\times\pi\times4-3\times3\times\pi\times4\times\dfrac{1}{3}=42\pi$

【2】（連立方程式の応用）

(1) 通常料金は大人1人 x 円、子供1人 y 円なので、団体料金は大人1人 $0.7x$ 円、子供1人 $0.8y$ 円である。$7\times x+12\times y=9\times0.7x+16\times0.8y$　　$7x+12y=6.3x+12.8y\cdots$①　　$7\times x+12\times y=9\times x+16\times y-17600$　　$7x+12y=9x+16y-17600\cdots$②

(2) ①の両辺を10倍して整理すると $70x+120y=63x+128y$　　$7x-8y=0\cdots$①′　　②より $2x+4y=17600$　　①′＋②×2より、$11x=35200$　　$x=3200$　　これを①′に代入して、$y=2800$

【3】（相似）

基本 (1) $DE\parallel BC$ より $\triangle ABC\sim\triangle ADE$ であり、相似比は、$AD:DB=3:2$ より $5:3$ である。$BC=a$ とおくと、$BG:GC=1:2$ より　　$BG=\dfrac{1}{3}a$, $GC=\dfrac{2}{3}a$　　$DE=\dfrac{3}{5}a$　　$DF:FE=5:1$ より、$DF=\dfrac{3}{5}a\times\dfrac{5}{6}=\dfrac{1}{2}a$, $FE=\dfrac{3}{5}a\times\dfrac{1}{6}=\dfrac{1}{10}a$　　$\triangle APC\sim\triangle AFE$ で相似比は $5:3$ なので、$PC=\dfrac{1}{10}a\times\dfrac{5}{3}=\dfrac{1}{6}a$　　$GP=GC-PC=\dfrac{2}{3}a-\dfrac{1}{6}a=\dfrac{1}{2}a$　　$\triangle AGP\sim\triangle AQF$ で相似比は $5:3$ なので $QF=\dfrac{3}{5}\times GP=\dfrac{3}{5}\times\dfrac{1}{2}a=\dfrac{3}{10}a$　　$DQ=DF-QF=\dfrac{1}{2}a-\dfrac{3}{10}a=\dfrac{1}{5}a$　　$FE:PC=\dfrac{1}{10}a:\dfrac{1}{6}a=3:5$

(2) $GP:PC=\dfrac{1}{2}a:\dfrac{1}{6}a=3:1$

(3) $\triangle SDQ\sim\triangle SBC$ より $SQ:SC=DQ:BC=\dfrac{1}{5}a:a=1:5$　　$SQ=\dfrac{1}{5}SC$　　$QC=\dfrac{4}{5}SC$　　$\triangle RQF\sim\triangle RCP$ であり、$QR:CR=QF:PC=\dfrac{3}{10}a:\dfrac{1}{6}a=9:5$　　$QR=\dfrac{9}{14}QC=\dfrac{9}{14}\times\dfrac{4}{5}SC=\dfrac{18}{35}SC$　　$RC=\dfrac{5}{14}QC=\dfrac{5}{14}\times\dfrac{4}{5}SC=\dfrac{2}{7}SC$　　$SQ:QR:RC=\dfrac{1}{5}:\dfrac{18}{35}:\dfrac{2}{7}=7:18:10$

やや難 (4) $SQ:QR=7:18$　　$DQ:QF=\dfrac{1}{5}a:\dfrac{3}{10}a=2:3$　　$\triangle SDQ:\triangle FQR=(SQ\times DQ):(QR\times QF)=(7\times2):(18\times3)=14:54=7:27$

【4】 （図形と関数・グラフの融合問題）

(1) Pはy軸上の点で$y=2$なので，P$(0,\ 2)$　　Qは$y=\frac{1}{2}x^2$上の点で$y=2$なので，$\frac{1}{2}x^2=2$　　$x^2=4$　　$x>0$より，$x=2$　　Q$(2,\ 2)$　　PQ$=2$でPQ：PR$=1:2$なのでRのx座標は$x=4$　　R$(4,\ 2)$であり，これが$y=ax^2$上の点なので$2=a\times 4^2$　　$a=\frac{1}{8}$

(2) Sは$x=2$で$y=\frac{1}{8}x^2$上の点なので$y=\frac{1}{8}\times 2^2=\frac{1}{2}$　　S$\left(2,\ \frac{1}{2}\right)$　　直線SRの式を$y=mx+n$とおくとSを通ることから$2m+n=\frac{1}{2}\cdots$①　　Rを通ることから$4m+n=2\cdots$②　　②－①は$2m=\frac{3}{2}$　　$m=\frac{3}{4}$　　これを②に代入して$3+n=2$　　$n=-1$　　よって，直線SRの式は$y=\frac{3}{4}x-1$

重要 (3) △PSR＝△TSRについて2つの三角形の底辺をSRと考えると，底辺が等しく面積も等しい三角形なので高さも等しいと考えられる。したがって，SR∥PTとなる。直線PTは傾きが直線SRと等しい$\frac{3}{4}$でPを通るので，その式は$y=\frac{3}{4}x+2$　　Tはこれと$y=\frac{1}{8}x^2$の交点なので，$\frac{1}{8}x^2=\frac{3}{4}x+2$　　$x^2=6x+16$　　$x^2-6x-16=0$　　$(x-8)(x+2)=0$　　$x>0$より，$x=8$　　T$(8,\ 8)$

(4) SRの中点をUとすれば，△TSU＝△TURとなり，TUが△TSRの面積を2等分することになる。

$$\triangle PSU+\triangle TUR=\triangle PSU+\triangle PUR=\triangle PSR=\frac{1}{2}\times PR\times QS=\frac{1}{2}\times 4\times\left(2-\frac{1}{2}\right)=3$$

やや難 (5) 四角形PURT$=\triangle PRT+\triangle URT=\triangle PRT+\frac{1}{2}\times\triangle PSR=\frac{1}{2}\times 4\times(8-2)+\frac{1}{2}\times 3=12+\frac{3}{2}=\frac{27}{2}$

─── ★ワンポイントアドバイス★ ───

【1】の小問集合でいろいろな単元の基礎力が確認されるので，まずはここで確実に得点しておきたい。【2】以降の大問では基礎力だけではなく応用力が確かめられる。過去問を通して出題レベルをしっかり確認しておこう。

＜英語解答＞

【1】 リスニング問題解答省略

【2】 (A) apartment　　(B) 知識の宝庫　　(C) ウ　　(D) アとエ　　(E) ア
(F) ア　　(G) 彼の人生で最も大切な時間の1つが，1951年のある冬の夜だった。
(H) イ　　(I) アとエ　　(J) エ　　(K) ア

【3】 (1) 1 エ　2 イ　3 ア　　(2) ウ

【4】 (A) （例）I believe it is good to have manga in school libraries because manga is not just funny stories. Actually, you can learn many school subjects through manga. For example, I learned a lot about Japanese history by reading manga and even got a great score on my history test because of this.
(B) (1) Have you been (to the U.S.?) (Yes, I have. I) went (to New York last year.)　　(2) (I'm reading an) email written (in English. There're …)

【5】 (A) (1) ア　　(2) ア　　(3) ア
(B) (1) What do you think is the reason?　　(2) (There are more) diamonds in

the world than there are people（who want …）　　(3)　（… that）natural stones like emeralds or rubies are rarer but that they（are usually …）

○配点○

【1】　各3点×6（[第2部]問2完答）　　【2】　(A)～(F)　各3点×6（(D)完答）　　(G)　4点
(H)～(K)　各3点×4（(I)完答）　【3】　各3点×4　【4】　(A)　12点　　(B)　各3点×3
【5】　(A)　各2点×3　　(B)　各3点×3　　　計100点

＜英語解説＞

【1】　リスニング問題解説省略。

【2】　（長文読解問題・物語文：語句補充，語句解釈，内容吟味，英文和訳，文補充）

（全訳）　彼が若い頃，ロナルド・クラークは図書館に住んでいました。

文字通りに。

ニューヨーク市の公共図書館が最初に建てられたとき，それぞれが住み込みの管理人のために3階に(1)アパートを持っていました。彼は図書館をきれいにし，石炭の暖房を燃やしていました。

管理人はしばしば家族と一緒に建物に住んでいました。ロナルドの父レイモンドもその管理人の一人で，彼と彼の家族はアッパー・マンハッタンのワシントンハイツ図書館の最上階に住んでいました。彼らはロナルドが15歳だった1949年にそこに引っ越しました。1970年代には，ロナルドは同じアパートで自分の娘ジャミラを5歳になるまで育てました。

ロナルドはストーリーコーでジャミラに，図書館の管理人の仕事は「(2)知識の宝庫の管理人」のようだと言います。

「(3)一部の図書館では，すべてチューインガムの包み紙とほこりだらけです。私の父の図書館では，あなたはワックスしか見ません。彼は本棚のてっぺんにもワックスを塗りました。」とロナルドは言います。「そして，あなたがそれらの階段を上り，非常に多くの本を見下ろしたとき，それらは輝いていました。」

最初(4)自分の珍しい家について不快に感じましたと，ロナルドは言います。「あなたはいつも普通でいたいのです。私は友人を招待したことが一度もありません。」と彼は言います。それでもなお彼は，他の誰も彼ほど多くの本を持っていなかったと言います。

そして，図書館が一日中閉まったとき，彼はその建物の中で唯一の子供であることを(5)楽しみました。

「私は走って叫び，ジャンプすることができました。そして，もし私が何かについて疑問があったら，私はただ夜中に起きて，階下に降りて，本を出し，朝の3時まで読みました。」と，彼は言います。図書館が学ぶ喜びを教えてくれたので，私は自分がそれをどれほど多く持っているかを知るようになりました。【ア】

彼は図書館に住んでいた時間が本当に彼を形作ったと言います。そこに住んでいる間，彼は本に注意を払い始めました。いつの間にか，彼は何千ものタイトルを通り過ぎて，テーブルに持って行くのに最も興味深いものを選んだり，何か新しいことを学ぶために夜中の時間にわたって階下に行っていました。【イ】

(6)彼の人生において一番大切な時は1951年の冬の夜でした。当時，彼はベッドにいて，科学と進化の見方が聖書の物語とどのように合わないかを考えていました。彼は午前2時に起きて，階下に行き，明かりをつけて，聖書を手に入れるために宗教のセクションに行きました。彼は進化に関する事実のすべてを伝える百科事典の横の床にそれを置いて読み始めました。【ウ】

彼は _(7a)彼の家族の中で初めて高校を卒業し，大学卒業後，地元の大学で歴史を教える教授としての地位を得ました。【エ】

「私は父を連れて行き，彼に教室と _(7b)私の名前がついたドアを見せました―クラーク教授。彼はただ微笑みました。₍₈₎父親がどうであったかはわかるでしょう，静かにしながらでも…。私は彼がそれを見る様子を見ました。」と，ロナルドは言います。「彼は私に大きな夢を持って欲しかったのであり，私は図書館₍₉₎なしの自分の人生を想像することもできないのです。」

基本 (A) ロナルドの一家は図書館に住んでいたと書いてあるので，住む場所を表す語が入る。

(B) temple は「神殿」という意味で，ここでは「宝庫」と訳すとよい。knowledge は「知識」という意味。

(C) ロナルドの父親が管理人となっていた図書館はワックスで磨かれていたとある。それに対して多くの図書館は汚れたままであったことを表している。アとイは汚れているという内容に関係がないので，誤り。エは近いが，汚れているとまでは言えないので，誤り。

(D) 「普通」ではないとあったり，「友人を招待したことが一度もない」とあったりするので，図書館の中に住むことを快く思っていなかったことがわかる。よって，アとエが答え。イとウは関係のない内容なので，誤り。

(E) 直後の段落には，図書館の中でひとりで楽しむ様子が書いてあるので，アが答え。ア以外はいずれも内容に関わりがないので，誤り。

(F) 「―そしてこれは私から無くなることはなかった」という意味の文を入れる。「これ」が指す内容について考えると，文章の終わりにロナルドは図書館から離れて生きられないということが書いてあるので，学んだり知識を得たりすることを指しているとわかる。そのような内容が直前に書いてあるのは【ア】の部分である。

(G) One から life までが主語になっていることに注意して訳す。

(H) 全訳参照。

(I) ロナルドが大学の先生になったことについて父親は静かな様子でいたとある。その直後には「しかし」とあるので，父親は本当は冷静な気持ちではなかったことがわかる。自分の子どもが一族で初めて学識を身につけて世間から立派だと見なされる職業についたということから，エが答え。また，父親の冷静な様子からアも答え。

(J) ロナルドは図書館という環境によって育てられ，自分の職業も得たという内容なので，エが答え。

(K) ア 「ロナルドは彼が5歳の時に父親のレイモンドといっしょになるまで図書館の上のアパートに住んでいた。」 ロナルドが15歳だったときに図書館に引っ越したとあるので，誤り。
イ 「ロナルドは彼のユニークな家で住みながら成長することに大きく影響された。」 ロナルドは図書館という環境によって自分が育てられたとあるので，正しい。 ウ 「ロナルドは難しい問題についてくわしく知りたいと思ったとき，多くの本によって大いに助けられた。」 ロナルドは多くの本で学んだとあるので，正しい。 エ 「ロナルドは学ぶことにとても興味を持っていたので，閉館された後の図書館をよく使った。」 夜中に図書館でよく学んだとあるので，正しい。

【3】（長文読解問題・説明文：語句補充）
（全訳） ソーシャルネットワーキングサイトは「楽しい」から使われます。それらは私たちが友達とつながるのを助けます。それらは私たちに興味深い情報を与えます。それらは私たちを幸せにします。本当でしょうか。_[1]まあ，そうではないかもしれません。最近，ソーシャルネットワーキングサイトに関する雑誌の記事を読みました。記事は，それらが実際に人々に怒りと欲求不満を感じさせることができると述べています。_[2]私はその記事が正しいと思います。人々はパーティー，

休暇，友人，家族の写真など，幸せなものを普通投稿します。[3]でも私は時々家で勉強していて，その投稿を見て，不快に思います。私は「友達はみんな幸せだ。しかし，私は退屈だ。どうしてだろう。」(X)あるいは私は時々写真を投稿して，(Y)そして2人しかコメントしてくれず，(Z)だから私は人々が私を好きではないのだと思います。私はそのように感じるのはばかげていると分かっています。他の人はこのような問題を抱えていますか。

(1) [1] 直後以降の内容から筆者は，ソーシャルネットワーキングサイトについて否定的だとわかる。 [2] 雑誌の記事に関する意見を述べている。 [3] 楽しそうにしている人々と対照的な例を書いている。

(2) 全訳参照。

【4】 （英作文問題：条件英作文）

(A) 英作文を書くときは，指示された条件をよく守ることが重要である。ここでは，賛成か反対かという自分の立場をはっきりと示しながら書くことに気をつけたい。また，(注)に用意されている表現を積極的に使うようにするとよい。内容についてはなるべく簡潔でわかりやすいものにして，スペルミスや文法上のミスがないようによく注意して書くべきである。

基本 (B) (1) A「合衆国に行ったことがありますか。」 B「はい，あります。去年ニューヨークに行きました。」 A〈have been to ～〉で「～へ行ったことがある」という意味になる。 B「去年」とあるので，過去形の文にする。

(2) A「あなたは何をしていますか。」 B「私は英語で書かれた電子メールを読んでいます。知らない単語がとても多くあります。」「書かれた」となるので，過去分詞の形容詞用法を使う。

【5】 （正誤問題：前置詞，並べ替え問題：挿入・比較・関係代名詞）

(A) (1) ア「世界の約70％は水で覆われています。」「～で覆われる」は〈be covered with ～〉で表す。 イ「ハワイはその美しい浜辺で有名です。」 ウ「平清盛は1118年の9月10日に生まれました。」 エ「これは渋谷駅に行くバスですか。」

(2) ア「私たちは来週の日曜までここに滞在します。」 ずっと続いて行われることを表すときはby ではなく till か until を使う。 イ「あなたにとって早寝早起きは大切です。」 ウ「あの生徒たちは制服を着て立派に見えます。」 エ「左に曲がると，明法の大きな看板が見えます。」

(3) ア「私たちはケンの車で警察署に行きました。」「～の車で」と言うときは〈in ～'s car〉とする。単に「車で」と言うときは by car とする。 イ「私は辞書に3,000円払いました。」 ウ「スーザンは手に何本か花を持っていました。」 エ「5時まで15分です。」

(B) ダイヤモンドはとても高価です。(1)その理由は何だと思いますか。ダイヤモンドが珍しいからではありません。実際，それは全く珍しくありません。(2)ダイヤモンドを欲しがる人よりも多くのダイアモンドが世界にあります。ではなぜそれは高価なのでしょうか。ほんの数社がダイヤモンド産業をコントロールしているからです。だから，(3)エメラルドやルビーのような自然の石のほうがより珍しいのに，ダイヤモンドより安いということは驚くことではありません。

(1) What is the reason? という疑問文に do you think という節が挿入されている。

重要 (2) there are diamonds という節と there are people という節が比較で結ばれている。

(3) natural から rubies までが主語。また二つのthat節が but で結ばれている。

--- ★ワンポイントアドバイス★ ---

【4】(B)(1)には〈have been to ～〉が使われているが，これには「～へ行ったことがある」以外に「～へ行って帰って来たところだ」という意味もある。(例) I have been to New York.「私はニューヨークに行って来たところだ。」

＜国語解答＞

【一】 問一　A　駐在　　B　派遣　　C　指摘　　問二　a　ごい　　b　らんぱつ
c　ちゅうしょう　　問三　Ⅰ　ウ　　Ⅱ　オ　　Ⅲ　ア　　Ⅳ　エ　　問四　ⅱ
問五　（例）言語のスタイルが空気と結びついている点　　問六　二　　問七　無意識
のうちに「内輪言葉」に引っ張られること(22字)　　問八　イ　　問九　ウ

【二】 問一　A　脇　　B　励　　C　縁　　D　騒　　問二　a　せんす　　b　かく
c　たたみ　　問三　ⅰ　イ　　ⅱ　ア　　ⅲ　エ　　問四　Ⅰ　オ　　Ⅱ　ア
Ⅲ　エ　　Ⅳ　イ　　問五　ウ　　問六　（例）飯を食うことができなくなってしまっ
たこと。　　問七　（例）世の中にはやっとの思いで日々の暮らしを立てている人が大
勢いるのに対し，自分は何をしているのだろうか。(50字)　　問八　イ　　問九　ア

【三】 問一　ながつき　　問二　ウ　　問三　すなわちそなえたてまつれる　　問四　ア
問五　係り結び(の法則)　　問六　ウ

○配点○

【一】 問一　各2点×3　　問二　各1点×3　　問三・問四・問九　各4点×3(問三完答)
問五・問七　各6点×2　　問六・問八　各3点×2

【二】 問一・問三　各2点×7　　問二　各1点×3　　問四・問九　各4点×2(問四完答)
問五・問八　各3点×2　　問六　6点　　問七　8点

【三】 問一・問三・問五　各2点×3　　問二・問四　各3点×2　　問六　4点　　計100点

＜国語解説＞

【一】 （論説文―内容吟味，文脈把握，脱文・脱語補充，漢字の読み書き，品詞・用法，表現技法）

問一　A　派遣された任地にある期間いること。「駐」を使った熟語は，他に「駐留」「駐屯」などがある。　　B　任務のために別の場所へ行かせること。「遣」の訓読みは「つか(う)」。　　C　重要な点や問題となる点を取り上げて示すこと。「摘」の訓読みは「つむ」。

問二　a　ある言語で用いられる語の全体。　　b　むやみに発行すること。「濫」を使った熟語は，他に「濫用」「氾濫」などがある。　　c　事物からある要素をぬきだして把握すること。

問三　Ⅰには，四歳児から「おじちゃんって，パパのおともだちなの？」と聞かれた時の答えが入る。直後に「こんな風に喋る『叔父』はいない」とあるので，四歳児の父との関係を理論的に説明しているウが最適。Ⅱの前に「普通は次のような会話」とあるので，ⅡにはⅠと同じ内容を四歳の子にもわかるように説明しているオが入る。Ⅲの後に「『わかんなーい』などと言われてひるんではいけない」とあるので，Ⅲに入るのはアの「わかんなーい」。Ⅳの一つ前の文に「このルミちゃんには，二歳の弟の『しゅん君』がいたとする」とあるので，Ⅳには「しゅん君」という語を用いて具体的に説明しているエが入る。

問四　省かれている文に「ふるさとの訛」とあるので，「ふるさとの訛なつかし」という石川啄木の歌が挙げられている《　ⅰ　》～《　ⅲ　》の部分に着目する。《　ⅱ　》の後の「意に反して海外にハケンされている彼の苦労が偲ばれ，何とも言えない気持ちになった」のは，省かれている文の「ロサンゼルスの国際空港に『ふるさとの訛』を本当に意味もなく聞きに行くことがある」と聞いたためとすると，文意が通じる。したがって，省かれている文は《　ⅱ　》に入る。

 問五　三十五歳の男が四歳の女の子と話すときと「方言」が同じだと言っている。――線①の前の「会話スタイルは……会話の空気を維持するために無意識のうちに行われる」点が同じだという文脈になる。この「会話スタイル」と「空気」という語に着目して，さらにわかりやすく述べて

いる部分を探すと，直後の段落に「言語のスタイルが持っている空気」や「言語のスタイルが空気と結びついている」という表現があり，この表現を用いて簡潔にまとめる。

問六　「ふるさとの訛なつかし」の「なつかし」は形容詞の終止形なので，ここで区切れる。

問七　――線③の「専門用語」について，後で航空業界の「機材繰り」という例を挙げ，「内輪言葉」と言いかえている。さらにその後で「こんな感じで，無意識のうちに『内輪言葉』に引っ張られることは，往々にしてあるものだ」と述べており，この「引っ張られる」が「引きずられる」を言いかえている。――線③と重なるように過不足なく抜き出す。

問八　――線④は，単語に分けると「教える／こと／を／阻害し／て／いる」となる。

　問九　「だが，そのような」で始まる段落の内容にウが合う。航空業界の方が業界の専門用語を消費者の前でより多く用いるので，アは合わない。イは「地元で聞いても」が，本文の内容とそぐわない。エも，「これは，何も」で始まる段落の「『業界の内部の人間』を気取りたい……という意識だけではない」という内容に合わない。

【二】（小説―大意・要旨，情景・心情，文脈把握，脱文・脱語補充，漢字の読み書き，語句の意味）

問一　A　そば，かたわら。「脇」を使った熟語には「脇道」「脇目」などがある。　B　音読みは「レイ」で，「激励」「奨励」などの熟語がある。　C　物のまわりの部分。音読みは「エン」。　D　音読みは「ソウ」で，「騒然」「物騒」などの熟語がある。

問二　a　「扇」の訓読みは「おうぎ」。「扇」を使った熟語は，他に「扇動」「夏炉冬扇」がある。　b　音読みは「イン」で，「隠居」などの熟語がある。　c　和室の床に敷く厚い敷物。

　問三　ⅰ　直前の「麩饅頭の包」の様子を表す語を選ぶ。ぶら下がって揺れ動く様子を表すイの「ぶらぶら」が入る。　ⅱ　「何か言いたそう」な「口」の様子なので，口を十分に開けないでものを言うアの「もごもご」が入る。　ⅲ　絶食していたおでこの「足取り」に合うのは，エの「よろよろ」。

問四　Ⅰ　前の「ぜんたい，何があったんだい」に続けて，平四郎が言った言葉にふさわしいものを選ぶ。おでこが絶食していた理由を聞き出そうとするオが入る。　Ⅱ　後で「植木屋」の話をしていることから，おでこが「小声で言った」のはアの「植木屋さんが来ました」だと判断できる。　Ⅲ　「植木屋さんが来ました」には，エの「この家にか」という言葉が続く。　Ⅳ　「この家にか」という平四郎の問いに対するおでこの答えが入る。植木屋がこの家に来た理由を述べるイを選ぶ。

問五　「しゅびよ（く）」と読む。直後の「彼に口を割らせ，頭目までたどりつくことができた」という内容から，物事がうまい具合に運ぶという意味だと推察することもできる。

　問六　直後の文に「それ以前から，おでこの心には何らかのわだかまりがあったのだ」とあり，その「わだかまり」について，直後の段落以降で「自分はこの家にいていいのだろうか。自分はこの家で役に立っているのだろうか」「ここでおまんまをいただいていて，本当にいいのだろうか。それに見合う働きを，自分はしていると言えるだろうか」と詳しく述べている。そう考えた結果，「そんな自信は」で始まる段落にあるように，おでこは「飯を食うことができなくなってしまった」のである。平四郎は，植木屋の言葉が「おでこが飯を食わなくなった」きっかけになったと考えている。

問七　おでこが「悩んでいた」具体的な内容を述べている部分を探す。「確かに」で始まる段落に「確かに世の中には，額に汗をし大骨を折り，やっとこさ日々の暮らしを立てている人びとが大勢いる。それに引き替え，自分は何をしているのだろう――おでこはそう考えてしまったのだろう」とあり，このおでこの悩みを五十字以内にまとめる。

問八　本文では，平四郎とおでこの会話を通して二人の心情が丁寧に描写されているので，この表

現の特色として適切なものはイ。「政五郎」とあるア，「一文を長くする」「読者の想像力をかきたてている」とあるウ，「現在と過去を交互に描き」とあるエは，本文の表現にそぐわない。

重要 問九　本文の内容に合うものはア。平四郎が買った麩饅頭はおでこへのご褒美なので，イは合わない。おでこは「手習いをし」てはいるが「すぐには元通りにはならないだろう」とあるので，「元通りに生活していた」とあるウも合わない。植木屋の言葉をきっかけにおでこは悩んでいるので，「気にならなかった」とあるエも合わない。

【三】　（古文―内容吟味，文と文節，仮名遣い，口語訳，表現技法）

〈口語訳〉　女帝阿陪の御代天平神護二年秋九月に，（行者は）ある山寺に行き，何日も留まり住んだ。その山寺の境内に，一本の柴が生えていた。その柴の枝の上に，突然に弥勒菩薩の像が姿を現した。その時に，その行者は，（これを）見てつくづくと仰ぎ見て，柴のまわりを回って願いを訴えた。人々は（このことを）伝え聞いて，やって来てその像を拝んだ。ある者は俵の米を献じた。ある者は金や衣服を献上した。そこで（行者は）供養に供えられた全ての財物を費用にし，瑜伽論百巻を清書し申して，法会を行った。それが終わるや（弥勒の）像は，突然姿を消してしまった。

ほんとうにわかった，弥勒菩薩は（天上界の）高い兜率天の上におられながら，願に応じて（姿を）お示しになったのだ。願い事の主は下界の苦悩に満ちた人間界にいても，深く信心すれば幸福を招くことができるということが。どうしていまさら疑うだろうか。

基本 問一　九月の異名は「ながつき」。

問二　山寺で何日も留まり住んだのは，「その行者」。

基本 問三　語頭以外のハ行は，現代仮名遣いではワ行に直すので，「すなはち」は「すなわち」，「供へ」は「供え」となる。すべてひらがなで答えること。

問四　「ざり」は打消の意味を表す「ず」の連用形。「き」は過去の意味を表す。「斎会」の後，「柴の枝の皮の上」に現れた弥勒菩薩の像がどうなったのかを考える。

基本 問五　「ぞ」という係助詞を受けて「む」と連体形で結ばれている。係り結びの法則が見られる。

重要 問六　本文の「その柴の枝の皮の上に，忽然ちに弥勒菩薩の像化生したまふ。時にその行者，見て仰ぎまぼり，柴を巡りて哀しび願ふ。諸人伝へ聞き，来りてその像を見まつる」に，ウが合う。アは，瑜伽論百巻を書き写すことを願ったのは行者なので，合わない。イは，弥勒菩薩の像が現れた後に斎会を開いたので，合わない。エは，山寺に住んだのは行者なので，合わない。

★ワンポイントアドバイス★

文学的文章には，江戸時代を舞台とした時代小説が採用されている。ふだんから幅広い読書を心がけておけば，時代小説も現代の小説と同様に読み解くことができる。人物の関係を把握したうえで，落ち着いて取り組もう。

大切なことはメモしておこうネ！

2020年度

★★★★★★★★★★★★★★★★★★★★★★

入 試 問 題

2020
年
度

2020年度

入試問題

2020年度

明法高等学校入試問題

【数　学】（50分）〈満点：100点〉

【1】次の問に答えよ。

(1)　$\dfrac{1}{4}x^3y^2 \times \left(\dfrac{1}{2}xy\right)^2 \div \dfrac{1}{12}x^2y$　を計算せよ。

(2)　1次方程式　$\dfrac{5x-3}{6} - \dfrac{7x-5}{8} = \dfrac{1}{3}$　を解け。

(3)　2次方程式　$x(x-1) = 2(x+1)(x-3)$　を解け。

(4)　$(2x-y)^2 - 5(2x-y) - 6$　を因数分解せよ。

(5)　$\dfrac{7\sqrt{3}+2\sqrt{7}}{\sqrt{7}} + \dfrac{6\sqrt{7}-4\sqrt{3}}{\sqrt{3}}$　を計算せよ。

(6)　大小2つのサイコロを同時に投げたとき，出た目の積が3で割り切れない確率を求めよ。

(7)　下の図の円Oにおいて，$\angle x$ の大きさを求めよ。

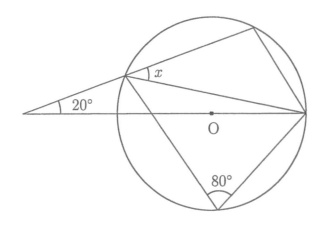

【2】太郎と花子がA地点を同時にスタートし，160m離れたB地点まで競走したところ，花子は太郎より12秒遅れてゴールした。そこで，太郎はスタート地点をAの40m後方に，花子はスタート地点をAの40m前方にして同時にスタートしたところ，太郎は花子より1秒遅れてゴールした。

100m進むのに，太郎はx秒，花子はy秒かかる。次の問に答えよ。

(1) x，yについての連立方程式をつくれ。

(2) x，yの値を求めよ。

【3】下の図のように，△ABCの辺AB上にAD：DB＝1：2となる点Dをとる。

また，点Dを通り辺BCに平行な直線と辺ACの交点をEとし，この直線上にDE：EF＝1：2となるように点Fをとる。さらに，辺BCの中点をMとする。

AMとDFの交点をN，BFとAC，AMとの交点をそれぞれG，Hとするとき，次の問に答えよ。

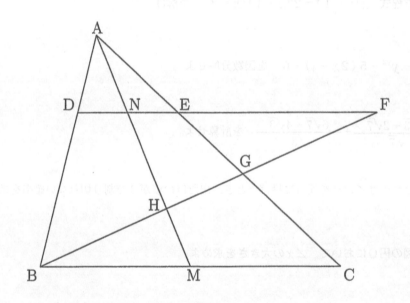

(1) EF：BCを求めよ。

(2) AE：EG：GCを求めよ。

(3) NF：BMを求めよ。

(4) BH：HG：GFを求めよ。

【4】下の図のように，2つの放物線①，②と，平行な2つの直線 ℓ，m がある。

点Aは①と直線 ℓ の交点の1つで，x 座標は3である。点Bは①と直線 m の交点の1つで，座標は（2，4）である。点Cと点Dは②と直線 m の交点で，点Cの x 座標は3である。直線 ℓ の切片が12であるとき，次の問に答えよ。

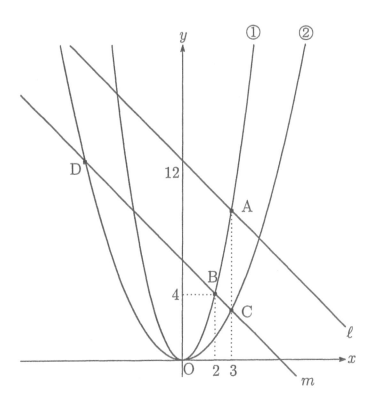

(1) 放物線①の式を求めよ。

(2) 直線 m の式を求めよ。

(3) △ACDの面積を求めよ。

(4) 点Aを通り，△ACDの面積を2等分する直線と，直線 m との交点Eの座標を求めよ。

(5) △AED＝△AEFとなる点Fが放物線②上にあるとき，点Fの x 座標をすべて求めよ。ただし，点Fは点C，点Dと異なるものとする。

【5】 下の図のような直方体を2つ合わせた立体があり，AB = 12，AF=10$\sqrt{3}$，BH = 15，EF= 6，DE = 6$\sqrt{3}$である。FDの延長とABの交点をM，LJの延長とGHの交点をNとする。また，NFとDJの交点をP，NFと面AGKEの交点をQとする。次の問に答えよ。

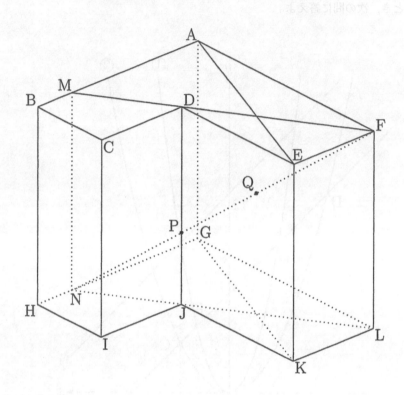

(1)　AMの長さを求めよ。

(2)　NFの長さを求めよ。

(3)　四角錐P－FEKLの体積を求めよ。

(4)　PJの長さを求めよ。

(5)　点Qから面ABHGに下ろした垂線の長さを求めよ。

【英　語】（50分）〈満点：100点〉

【1】次のリスニング問題（第1部，第2部）に取り組みなさい。
［第1部］
次に放送される2人の人物による会話を聴いて，それに関する質問の答えとして最も適切なものを，選択肢(a)〜(d)のうちから1つずつ選び，記号で答えなさい。会話と質問は**1回だけ**読まれます。

問1　**Where are the people talking?**
　(a)　A doctor's office.
　(b)　A shopping center.
　(c)　An office building.
　(d)　Mr. Tanaka's bedroom.

問2　**Why CAN'T the woman go to the free concert?**
　(a)　Because she doesn't like music.
　(b)　Because she has something to do.
　(c)　Because she has plans to go to a jazz club.
　(d)　Because she doesn't like to go out in the evening.

問3　**What may the man say to the woman next?**
　(a)　Let's fly again next time.
　(b)　This is my first time to travel by air.
　(c)　Actually, Tokyo Station is crowded, too.
　(d)　The Shinkansen is the fastest train in Japan.

問4　**What do we learn about the woman?**
　(a)　She wants to be a scientist in the future.
　(b)　She is worried about what is happening around the world.
　(c)　She was interested in learning about people who work on TV.
　(d)　She was sad to hear about the homes damaged in bad weather.

［第2部］
次に放送される英文を聴いて，それに関する質問の答えとして最も適切なものを，選択肢(a)〜(d)のうちから1つずつ選び，記号で答えなさい。英文と質問は2回読まれます。

問1　**What is the story about?**
　(a)　What dogs like to eat.
　(b)　How animals hear and smell.
　(c)　What animals needed a long time ago.
　(d)　How people first protected their homes.

問2　**According to the story, why do dogs have to be trained?**
　(a)　Because they hurt people.

   (b)   Because they run away from home.

   (c)   Because they are not as useful as door alarms.

   (d)   Because they may not protect homes at all times.

※リスニングテストの放送台本は非公表です。

【2】次の文章を読み，問いに答えなさい。

> ある生徒の父親が，学校のチャリティーディナーで行ったスピーチ。学校への
> 感謝を述べた後に話された内容とは…

At a charity dinner for a school for *special needs children, the father of one of the students gave a powerful speech. After thanking the school and its wonderful teachers, he cried out, "Where is the *perfection in my son Shay? Everything *God does is done with perfection, but my child cannot move around like other children do. My child cannot understand things like they do. Where is God's perfection?"

All the people in the room became (　1　). "I believe," the father answered, "that when God brings a child like this into the world, the perfection that he asks for is in *the way people respond to the child." Then he told the following story.

One day, Shay and his father were walking past a park. There, some boys Shay knew from the *neighborhood were playing soccer. Shay asked, "(　2a　), do you think they'll *let me play?" Shay's father knew that most of the boys maybe did not want to play with Shay on their team but (3)he decided to ask anyway.

Shay's father went to one of the boys on the field and asked, "Can Shay join the game?" *Surprisingly, the boy said, "We're already losing by six goals and the game is almost over. But if he wants to play, he can join my team." The father was so glad to hear this, and when he told Shay, he saw one of the biggest smiles ever from his son.

Shay quickly did his best to walk over to the field to join the team. The other boys saw how happy Shay was and decided to slow the game down for him. Now, *instead of running hard, the boys jogged around the field. Instead of kicking the ball hard, they lightly passed it around, and even passed it to Shay.

From the *sidelines, the father watched with small tears of joy in his eyes. Shay was not able to run as fast or kick as hard as the other boys, and he did (4)not even know *which way to run or *who to kick the ball to, but he was happy just to be on the field and playing with boys his own age.

After about ten minutes, Shay's team was coming near the other team's goal. It looked like one of the better players on Shay's team was going to score, but just then, he stopped. He turned around, found Shay, and *gently passed him the ball. "Shay, kick a goal," he shouted. All the boys on the other team saw this and they (　5　) where they were and started cheering, "You can do it, (　2b　)!"

At first, Shay seemed a little *confused. 【ア】 But the other boys started pointing to the goal. With this help, Shay turned toward the goal and gave the ball his best kick. 【イ】 As the ball slowly *rolled, the other team's players let it go past them. 【ウ】 As it got closer to the goal, the goal keeper moved toward it, opened his legs wide, and let it roll through them. 【エ】

Shay *realized that he just scored, and jumped up with surprise and joy. Every boy was running to him to give him a (6)high five and *congratulate him. (7)He was now a hero for his amazing play. He never felt prouder or more excited in his young life. As he turned back to look at his father, he saw tears on his father's face, and knew that his father, too, was proud of him.

"(8)," said the father softly, "those boys reached their level of God's pertection."

(注)

special needs children　特別支援が必要な子ども	perfection　完全(であること), 完璧
God　神	the way A respond to　Aが〜に反応するさま
neighborhood　近隣	let + A+原型　Aに〜させる
surprisingly　驚いたことに	instead of　〜代わりに
sidelines　(競技場の)サイドラインの外側	which 名詞+to不定詞　どの…へ〜するか
who + to　不定詞… to　誰に〜するか	gently　優しく
confused　当惑した	roll　転がる
realize　〜に気が付く	congratulate　〜を祝う

(A)　空所(1)に入る語として最も適切な語を1つ選び, 記号で答えなさい。

　　ア　dark　　イ　sad　　ウ　silent　　エ　tired

(B)　空所(2a),(2b)に入る英語の組み合わせとして最も適切なものを1つ選び, 記号で答えなさい。

　　ア　(2a)　Dad　　(2b)　Shay
　　イ　(2a)　Dad　　(2b)　Son
　　ウ　(2a)　Shay　　(2b)　Son
　　エ　(2a)　Shay　　(2b)　Dad
　　オ　(2a)　Son　　(2b)　Dad
　　カ　(2a)　Son　　(2b)　Shay

(C)　下線部(3)から読み取れることとして適切なものを, **すべて**(＝正解が1つとは限らない)選び, 記号で答えなさい。

　　ア　面倒な状況は避けたい
　　イ　駄目でも聞いてみよう
　　ウ　息子の冷静さに感動を覚える
　　エ　サッカーに興味を持ったのは喜ばしい

(D)　下線部(4)の解釈として最も適切なものを1つ選び, 記号で答えなさい。

　　ア　方角の感覚がない
　　イ　走っている意識がない
　　ウ　競技のルールを知らない
　　エ　次に誰がボールを蹴るのか見ていない

(E)　空所(5)に入る語として最も適切な語を1つ選び, 記号で答えなさい。

ア kicked イ moved ウ ran エ stopped

(F) 下線部(6)が表す意味をカタカナ5文字で答えなさい。

(G) 下線部(7)を日本語に直しなさい。

(H) 空所（ 8 ）に入る語として最も適切な語句を1つ選び，記号で答えなさい。

ア At last イ No way ウ That day エ This evening

(I) 次の英語が来る位置は，本文中【ア】〜【エ】のうちでどこが最も適切か。1箇所選び，記号で答えなさい。

"Goal,"shouted the other boys.

(J) 第1段落二重下線部ではさまざまな思いが表されている。**本文全体を踏まえた上で，可能性が一番低いもの**を次のうちから1つ選び，記号で答えなさい。

ア 希望 イ 切なさ ウ 苦しみ エ 失望感

(K) 本文の内容と**合致しない**ものを1つ選び，記号で答えなさい。

ア When children with problems are treated kindly, human perfection will be seen.

イ Many people at the charity event were looking forward to the speech by Shay's father.

ウ Though children decided to play easily with Shay, his father was happy that Shay kicked a goal.

エ One of the players who could score a goal gave the ball to Shay because he thought that it would make Shay happy.

【3】 次の英文の意味が通るように，空所［1］〜［5］に入るのに最も適切なものを，後のア〜カの中から選び，記号で答えなさい。ただし，同じ記号を2回以上用いてはならず，2回以上用いた場合は，当該箇所について点を与えない。

The Future of Food

Because the world's population is growing, people are now thinking about how we will be able to make or grow enough food for everyone in the future. [1   ] For example, two *billion people in the world already eat *insects, but more people may start eating them because they are easier to produce than farm animals. [2   ] Sea plants may become a more popular food in the future for the same reasons.

Scientists are looking at new ways of making food, too. They have found a way to grow meat from animal *cells – the smallest living parts of animals. To do this, scientists take cells from an animal and grow them into meat in a *laboratory. Some people think that we should grow meat in this way in the future. [3   ]

Some companies are also now making *GM（genetically modified）foods. GM foods are made when scientists add DNA from other *species to food plants like fruits and vegetables to change them. [4   ] Some of these GM fruits and vegetables can grow well even when there is no rain and others are stronger against illnesses. Because of this, some people think that GM foods will be important in the future.

[5   ] They think that growing GM *crops may *damage the environment, and they also think that eating GM foods may be bad for our health.

（注）

billion　10億

cell　細胞

GM food　遺伝子組み換え作物

crop　作物

insect　昆虫

laboratory　実験室

species　（動植物の）種

damage　〜を損う

ア　They also give us a lot of energy, and are very healthy.

イ　If we do, we will not need to keep farm animals any more.

ウ　So we should grow healthier meat and vegetables for the future.

エ　We may need to eat other food that we can get and produce easily.

オ　However, many people are worried about changing food in this way.

カ　For example, they can make the plants bigger and stronger, and easier to grow.

【4】英作文の問題(A), (B)に答えなさい。

(A)　学校がその予算を使って，(a)生徒1人ひとりにノートパソコンを1台を用意する(=Idea A)か，(b)雑誌や新刊本など含め，図書館の蔵書を増やす(=Idea B)としたら，あなたはどちらがよいと考えますか。理由と具体例を交えて，自らの考えを40語以上（短縮形やハイフンの付いた単語も，1語と数えます）の英語で述べてください。

＜条件＞

必ず「Idea A」「Idea B」のいずれかを選択すること。なお，どちらを選んでも，正解には影響しない。

※どちらの立場を取っても，採点には影響しない。

※必要に応じて，以下の英語表現を参考にしなさい。

ノートパソコン　a laptop computer (laptop computers)

私は〜だと思う　I believe that …

私は〜だと思わない　I don't believe that …

第1に〜　First,…　第2に〜　Second, …

これは〜だからだ　This is because …

(B)　次の日本語を英語に直しなさい。

(1)［友だちに映画について考えを尋ねます］

「アナと雪の女王2」はどう思う?

(“Frozen 2”「アナと雪の女王」の原題〉, thinkを使って)

(2)［友だちに，あとどれくらいで出かけるか尋ねます］

どのくらいしたら出発できる?

(soon, leave homeを使って)

【5】次の設問(A), (B)に答えなさい。

(A)　次の各組で正しいものを**すべて**(=正解が1つとは限らない)選び，記号で答えなさい（下線部は他の英語との違いを分かりやすく示すものである）。

(1)　［「教師は人が好きでなければならない」という意味を表す英語として］

　　　ア　Teacher must like people.

　　　イ　A teacher must like people.

　　　ウ　Teachers must like people.

(2)　[Who broke that?という問いに対する応答として]

　　　ア　She.

　　　イ　Mary.

　　　ウ　She broke.

(3)　「あの人は姉と一緒に働く女性です」という意味を表す英語として]

　ア　That's the woman that works with my sister.

　イ　That's the woman who works with my sister.

　ウ　That's the woman works with my sister.

(B)　次の対話文中の下線部(1)～(3)を，意味が通る正しい英語に直しなさい。

John：　Miki, do you know what's on the *nomination list for Japan's words of 2019?

Miki：　Yeah, here's a great *summary. It shows all the words with simple *explanations.

John：　Nice. Of (1)(do, like, those words, which, you)?

Miki：　Let's see. Smiling Cinderella：a nickname for golfer Hinako Shibuno.

　　　　　She won the British Open this year.

John：　Is that the girl (2)(about golf, don't, even people, know much, who) talk about these days?

Miki：　Yes. She has become famous and popular because of her smile during the event.

John：　It's interesting (3)(her, the media overseas, first called, that, that), and now she's *recog-

　　　　　nized with that nickname in Japan, too.

Miki：　True. The *nominated words usually start off in Japan, but this one is different.

　　（注）

nomination　推薦, ノミネート　　　　　　summary　まとめ

explanation　説明　　　　　　　　　　　　(be) recognized　認知されている

nominate　～を推薦する, ノミネートする

ウ　人間には根本的に批評本能というものがあるので、真の批評を理解するためには、芸能人など一般読者がよく知っている人物の批評を読むことから始めるとよい。

エ　発達したマスコミのおかげで、映画評、劇評、音楽評、書評などが、誰もがわかりやすい擬似形態として映像で理解できるようになる。

【二】　※問題に使用された作品が著作権者が二次使用の許可を出していないため、問題を掲載しておりません。

【三】　次の古文を読んで、後の問いに答えよ。

　縫殿頭信安といふものありけり。世の中に強盗はやりたりけるころ、
①
もし家さがさるる事もぞあるとて、強盗をすべらかさむ料に、日くるれば、家にくだといふ小竹のよをおほくちらしをきて、つとめてはとりひそめけり。ある夜まいりみやづかひける公卿の家ちかく、焼亡のありけるに、あはてまどひて出とて、そのくだの小竹にすべりてまろ
②
びにけり。腰を打折て、年よりたるものにて、ゆゆしくわづらひて、
③
④
日数経てぞからくしてよくなりにける。いたく支度の勝たるも、身に
⑤
引かづくこそをかしけれ。

（『古今著聞集』）

*　縫殿頭…裁縫をつかさどった所の長官
*　焼亡…火事
　　料…〜のため
　　引かづく…被害を受ける

問一　──線①の解釈として最適なものを次の中から選び、記号で答えよ。

ア　強盗が人気を集めたころ
イ　強盗が出始めたころ
ウ　強盗が知られるようになったころ
エ　強盗が横行していたころ

問二　──線②の主語として最適なものを次の中から選び、記号で答えよ。

ア　信安　　イ　強盗　　ウ　小竹　　エ　公卿

問三　──線③を現代仮名遣いに直し、ひらがなで答えよ。

問四　──線④とあるが、信安が「支度」をした理由を説明せよ。

問五　──線⑤に使われている、古文特有の表現技法を答えよ。

問六　本文の内容と合う最適なものを次の中から選び、記号で答えよ。

ア　信安は竹で家を囲っていたため、それが原因で公卿の家のちくが火事になってしまった。

イ　信安は強盗に備えて家の周りに置いた竹によって、自分が転倒してけがをしてしまった。

ウ　夜中に公卿の家に出かけた信安は、帰りに出くわした強盗を竹で追い払ってしまった。

エ　年寄りである信安は、竹につまずいて痛めた腰を治すのに長い時間かかってしまった。

こういうわけで、*ゴシップと人物評とは紙一重の違いとなる。大人の喜んで読むものの（　Ｃ　）多くが、この種の擬似批評の性格をもっている。本当に、未知を読みとる力はもっていないが、いくらかしゃれた二次的表現を読んでみたいという人たちがふえると、擬似批評がふえる。

こういう読みものしか、おもしろくないと言う人は、文字は読めるけれども、読めないと同じである。そういった意見が欧米であらわれた。

発達したマスコミをもつ社会では、批評、評論がこのような擬似形態へ変形するのはほとんど避けられないもののようである。

映画評、劇評、音楽評、書評が本当におもしろくなったら、その人の読む力は一人前になったと考えてよいであろう。

＊形而上…形がなく通常の事物や現象のような感覚的経験を超えたもの。
パブリシティの高い…世間でよく知られている。
ゴシップ…世間に伝えられる興味本位のうわさ話。

（『読み』の整理学　外山滋比古）

問一　━━線Ａ〜Ｄのカタカナを漢字に直せ。

問二　━━線ａ〜ｃの漢字の読みをひらがなで書け。

問三　（　Ａ　）〜（　Ｃ　）に入る最適な語を次の中から選び、それぞれ記号で答えよ。
ア　あたかも　　イ　かえって
ウ　いかに　　　エ　きわめて

問四　【　※　】に入る、「具体的」の対義語を漢字で答えよ。

問五　次の一文は本文から省かれているが、この文が入る最適な場所を《　Ⅰ　》〜《　Ⅳ　》の中から選び、記号で答えよ。

文学青年ということばは、まだあるにはあるけれども、文学青年を自称する若ものはいない。

問六　━━線①とは、ここではどういうことか説明せよ。

問七　━━線②の指す内容として最適なものを次の中から選び、記号で答えよ。
ア　テレビが普及して生活を支配し、多くの人が文章に触れなくなってしまっていること。
イ　文章を理解できる人が減り、雑誌なども写真やイラストレーションばかりになっていること。
ウ　ことばが主体であったのに、写真などの説明補助として具体的に使われるようになっていること。
エ　映像の発達により、フィクションとノンフィクションとの境界が曖昧になってしまっていること。

問八　━━線③とあるが、その理由を説明せよ。

問九　本文の内容と合う最適なものを次の中から選び、記号で答えよ。
ア　批評が栄えるためには、人々の理解が一定の高さに達していて、文化に対しても広い関心をもち、新しい世界への好奇心をいだくことが大切である。
イ　批評が読まれなくなったのは、テレビの普及によりことばの想像力が働かなくなったからであり、テレビを見なければ批評の文章は読めるようになる。

そういうテレビが生活を支配するようになって、われわれは、何でも形を目で見ないと承知しないようになった。

見えないものは難しくて、つまらないと思う。

雑誌なども、写真ばかりのページがふえた。かつては文章の理解を助けるためにイラストレーション、挿絵というのをつけたが、いまでは主客転倒、写真が主体である。その説明にわずかにことばが用いられる。"挿語"などといった言い方はもちろんないが、ことばは、具体的、あまりにも、具体的になってしまった。

②このことが読みの危機を招く。未知のこと、は【　※　】なこととは、はじめからわからないときめつける人が多くなりつつある。《　Ⅰ　》それでいちばん大きな打撃を受けるのが、二重の未知を背負っている批評のような表現である。

いまだに、とにかく、批評というものが残っているのがむしろ不思議なくらいである。高等教育がこれほど普及したというのに総合雑誌は三十年前よりもかえって不振だと言われる。文学雑誌はどこも赤字覚悟で刊行しているという話だ。

テレビを見すぎる人間は、＊形而上的なことばに興味を示さなくなるのであろうか。かつては少数ながら存在した哲学青年というのは、いまやことばすら聞くことがなくなった。《　Ⅱ　》これでは文学雑誌が苦しいのは当然である。

その根本に、ことばの理解の欠如bが横たわっているように思われる。批評がおもしろいという人がふえないと、教育は人間らしい人間を育てているとは言えないだろう。（　Ａ　）職業的技術があっても、文化に対する広い関心をもち、新しい世界への好奇心をいだくのでなければ、教養のある人間とは言えない。

イギリスのある編集者が、おもしろい雑誌の条件として、人物、土地、書物についてのすぐれた文章をケイサイDすることだとのべていたのを読んだことがある。この「についての文章」というのが、広義の批評に当たる。こういうことの言える社会は、言論が成熟しているのである。

われわれ日本人はよくものを読むと言われるけれど、その読んでいるのは、既知cを読むに類するものが大部分であって、批評、評論の文章を読む人はごく限られている。《　Ⅲ　》その何よりの証拠が、新聞の社説が読まれない事実である。

それでも、人間には、批評本能ともいうべきものがあるらしい。《　Ⅳ　》真の批評を理解するだけの素養はないという読者も、その批評本能を満たしたいとは考える。そのための文章が人物評である。

会ったことのない人間でも、たえず、名前を読んだり、聞いたりしていると、（　Ｂ　）旧知のようになること、さきのテレビタレントのごとくである。たとえば、＊パブリシティの高い芸能人は一般読者に知り合いのような気持をいだかせる。

③そういう人物についての批評は、新刊の書評などに比べると、はるかに、わかりやすい。未知なことが重なっているという思いはしない。本当はわかっていないことを、いかにもわかったように思い込む。その人物についての意見であるのに、あたかも、その人物を描写したもの、さらには、その人物そのものであるかのように錯覚する。

【国語】〈五〇分〉〈満点：一〇〇点〉

【二】次の文章を読んで、後の問いに答えよ。

だいたい批評の文章は、読むのが難しい。実物、実体を見ていないことが多い。

いくらていねいに内容紹介が行われても、短いスペースの中で、よくわかったと感じることは困難であろう。ときには闇夜にコウモリが飛ぶようなことになりかねない。音はすれども姿は見えず、はなはだじれったい思いをさせられる。

批評は対象を紹介するのが目的ではない。本来ならば、読者の方で対象についての知識をもっていなくてはならないところである。それが保証されていないから、仕方なしに、紹介を兼ねる|a|。対象について評価、批判を下すのが批評だ。対象がはっきりしていないのに、それについての意見がのべられれば、不案内な人間にはさっぱりわからなくなる。

闇夜のコウモリですら、とらえどころがないが、さらに、そのコウモリの飛び方がいいとか悪いとかいう議論がなされていても、局外者にはどうすることもできない。

見ていない映画の紹介は、未知を読む力をもっていないものにとっては歯が立たないのである。そういうものについての議論である批評は、二重の未知の要素を含んでいることになる。いっそう理解は困難である。批評を読むというのは、高度の読み方の作業を前提とする。多くの人はそういうわずらわしさに耐えられないから、とかく敬遠さ
れる。

批評が栄えるには、批評をする側にも、それを読む側にも、理解が一定の高さに達する訓練が求められる。まず、ことばを通じて経験しない世界をわかる想像力をきたえ、養う必要がある。もしそれが崩れれば、批評はA スイジャクしないわけには行かない。

テレビが普及して、一般にことばの想像力が働かなくなってきたのではあるまいか。映像は多くのことを、いかにもわかったように思わせる。擬似現実化である。

ある人はテレビ・ドラマの中の電話の音をきいて、うちの電話が鳴っているのかと思って立ち上がったという。テレビと現実はそれくらい近くなっている。

結婚B ヒロウエンに招かれたある人は、エレベーターの中で、有名なテレビタレントといっしょになった。その人はその俳優の主演する連続テレビドラマのファンだった。顔を合わせたたんに、

「こんにちは」

という声が口から飛び出したそうだ。いかにテレビが生活の中へ組み込まれてしまっているかということである。

こういう人が多くなってくると、フィクションがフィクションではすまなくなり、本当にあったことと錯覚される。似たような事件や現実と結びつけられて、C メイワクしたり、腹を立てたりする人があらわれる。そういう誤解を予め封ずるためであろう。現に、わざわざ、ドラマに出てくる事件や人物はすべてフィクションであると、断わるテレビ・ドラマもあるくらいである。

2020年度

解 答 と 解 説

《2020年度の配点は解答欄に掲載してあります。》

＜数学解答＞

【1】　(1)　$\dfrac{3}{4}x^3y^3$　(2)　$x=-5$　(3)　$x=\dfrac{3\pm\sqrt{33}}{2}$　(4)　$(2x-y+1)(2x-y-6)$

　　　(5)　$3\sqrt{21}-2$　(6)　$\dfrac{4}{9}$　(7)　$\angle x=30°$

【2】　(1)　$1.6x=1.6y-12,\ 2x=1.2y+1$　(2)　$x=\dfrac{25}{2},\ y=20$

【3】　(1)　$2:3$　(2)　$5:4:6$　(3)　$5:3$　(4)　$15:9:16$

【4】　(1)　$y=x^2$　(2)　$y=-x+6$　(3)　27　(4)　$\mathrm{E}\left(-\dfrac{3}{2},\ \dfrac{15}{2}\right)$　(5)　$x=7,\ -2$

【5】　(1)　10　(2)　25　(3)　$180\sqrt{3}$　(4)　6　(5)　$\dfrac{25\sqrt{3}}{4}$

○配点○

【1】　各4点×7　【2】　(1)　各3点×2　(2)　4点(完答)　【3】　(1)　3点
(2)　5点　(3)　4点　(4)　5点　【4】　(1)　3点　(2)～(4)　各4点×3　(5)　7点
【5】　(1)・(2)　各4点×2　(3)　5点　(4)　4点　(5)　6点　　計100点

＜数学解説＞

【1】　(文字式の計算，方程式，平方根，確率，円，角度)

(1)　$\dfrac{1}{4}x^3y^2\times\left(\dfrac{1}{2}xy\right)^2\div\dfrac{1}{12}x^2y=\dfrac{x^3y^2}{4}\times\dfrac{x^2y^2}{4}\div\dfrac{x^2y}{12}=\dfrac{x^3y^2\times x^2y^2\times12}{4\times4\times x^2y}=\dfrac{3x^5y^4}{4x^2y}=\dfrac{3}{4}x^3y^3$

(2)　$\dfrac{5x-3}{6}-\dfrac{7x-5}{8}=\dfrac{1}{3}$　　両辺を24倍して，$4(5x-3)-3(7x-5)=8$　　$20x-12-21x+15=8$

　　$-x=5$　　$x=-5$

(3)　$x(x-1)=2(x+1)(x-3)$　　$x^2-x=2x^2-4x-6$　　$x^2-3x-6=0$

　　$x=\dfrac{-(-3)\pm\sqrt{(-3)^2-4\times1\times(-6)}}{2\times1}=\dfrac{3\pm\sqrt{33}}{2}$

(4)　$(2x-y)^2-5(2x-y)-6=\{(2x-y)+1\}\{(2x-y)-6\}=(2x-y+1)(2x-y-6)$

(5)　$\dfrac{7\sqrt{3}+2\sqrt{7}}{\sqrt{7}}+\dfrac{6\sqrt{7}-4\sqrt{3}}{\sqrt{3}}=\dfrac{7\sqrt{21}+14}{7}+\dfrac{6\sqrt{21}-12}{3}=\dfrac{3(7\sqrt{21}+14)+7(6\sqrt{21}-12)}{21}=$

　　$\dfrac{21\sqrt{21}+42+42\sqrt{21}-84}{21}=\dfrac{63\sqrt{21}-42}{21}=3\sqrt{21}-2$

(6)　大小2つのサイコロを同時に投げたとき，目の出方は全部で6×6=36(通り)　　その中で，出
　　た目の積が3で割り切れないのは大，小ともに3，6の目が出ないとき。(大，小)=(1, 1)，(1, 2)，
　　(1, 4)，(1, 5)，(2, 1)，(2, 2)，(2, 4)，(2, 5)，(4, 1)，(4, 2)，(4, 4)，(4, 5)，(5, 1)，
　　(5, 2)，(5, 4)，(5, 5)の16通り。よって，その確率は$\dfrac{16}{36}=\dfrac{4}{9}$

(7)　次の図のように頂点に名前をつけ，CとFを結ぶ。DFが円Oの直径なので，$\angle$FCD＝90°

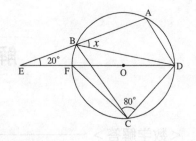

∠BCF＝∠FCD－∠BCD＝90－80＝10　　$\overset{\frown}{\mathrm{BF}}$に対する円周

角なので∠BDF＝∠BCF＝10　　△BEDについて外角の定理

により∠x＝∠BED＋∠BDF＝20＋10＝30

【2】（方程式の応用）

(1) 100m進むのにかかる時間が太郎はx秒，花子はy秒。160

m進むときは距離が160÷100＝1.6（倍）なので，かかる時間

も1.6倍になり，1.6x＝1.6y－12…①　　太郎が進む距離が

160＋40＝200（m），花子が進む距離が160－40＝120（m）になるので，2x＝1.2y＋1…②

(2) ①×$\dfrac{3}{4}$より1.2x＝1.2y－9　　②－①×$\dfrac{3}{4}$より0.8x＝10　　x＝$\dfrac{25}{2}$　　これを②に代入して，

25＝1.2y＋1　　y＝20

【3】（相似）

(1) DE＝xとおくと，DE：EF＝1：2よりEF＝2x　　DF//BCより同位角は等しいので∠ADE＝

∠ABC，∠AED＝∠ACB　　2組の角がそれぞれ等しいので△ADE∽△ABC　　DE：BC＝AD：

AB＝1：（1＋2）＝1：3よりBC＝3x　　EF：BC＝2x：3x＝2：3

(2) DF//BCよりAE：EC＝AD：DB＝1：2　　AE＝yとおくと，EC＝2y　　△GEF∽△GCBより

EG：CG＝EF：CB＝2：3　　よって，EG＝2y×$\dfrac{2}{2+3}$＝$\dfrac{4}{5}y$　　GC＝2y－$\dfrac{4}{5}y$＝$\dfrac{6}{5}y$　　AE：EG：

GC＝y：$\dfrac{4}{5}y$：$\dfrac{6}{5}y$＝1：$\dfrac{4}{5}$：$\dfrac{6}{5}$＝5：4：6

(3) MはBCの中点なので，BM＝MC＝$\dfrac{3}{2}x$　　△ADN∽△ABM　　DN：BM＝AD：AB＝1：3

DN＝$\dfrac{3}{2}x$×$\dfrac{1}{3}$＝$\dfrac{1}{2}x$　　NE＝x－$\dfrac{1}{2}x$＝$\dfrac{1}{2}x$　　NF：BM＝（NE＋EF）：BM＝$\left(\dfrac{1}{2}x+2x\right)$：$\dfrac{3}{2}x$＝

$\dfrac{5}{2}x$：$\dfrac{3}{2}x$＝5：3

(4) BF＝zとおく。△GFE∽△GBCなのでGF：GB＝EF：BC＝2：3　　GB＝$\dfrac{3}{3+2}$×z＝$\dfrac{3}{5}z$

GF＝z－$\dfrac{3}{5}z$＝$\dfrac{2}{5}z$　　△HBM∽△HFNよりFH：BH＝NF：BM＝5：3　　FH＝z×$\dfrac{5}{5+3}$＝$\dfrac{5}{8}z$

BH＝z－$\dfrac{5}{8}z$＝$\dfrac{3}{8}z$　　HG＝GB－BH＝$\dfrac{3}{5}z$－$\dfrac{3}{8}z$＝$\dfrac{9}{40}z$　　BH：HG：GF＝$\dfrac{3}{8}z$：$\dfrac{9}{40}z$：$\dfrac{2}{5}z$＝$\dfrac{3}{8}$：

$\dfrac{9}{40}$：$\dfrac{2}{5}$＝15：9：16

【4】（図形と関数・グラフの融合問題）

基本 (1) 放物線①の式をy＝ax^2とおく。B（2，4）が放物線①上の点なので，a×2^2＝4　　a＝1　　よっ

て，放物線①の式はy＝x^2

(2) Aはy＝x^2上の点でx＝3なので，A（3，9）　　直線ℓは切片が12なのでy＝bx＋12とおくと，A

を通ることから3b＋12＝9　　b＝－1　　直線ℓはy＝－x＋12である。直線mは直線ℓと平行な

ので，y＝－x＋cとおくと，Bを通ることから－2＋c＝4　　c＝6　　よって，直線mはy＝－x＋6

重要 (3) Cは直線m上の点でx＝3なのでy＝－3＋6＝3　　C（3，3）　　放物線②の式をy＝dx^2とおくと，

Cが②上の点なので3^2×d＝3　　d＝$\dfrac{1}{3}$　　放物線②の式はy＝$\dfrac{1}{3}x^2$　　Dは②とmの交点なので

$\dfrac{1}{3}x^2$＝－x＋6でx座標が求まる。両辺を3倍してまとめると，x^2＋3x－18＝0　　（x＋6）（x－3）＝0

$x=3$はCのx座標なので，Dのx座標は$x=-6$　　$y=-(-6)+6=12$　　D$(-6, 12)$　　$\triangle$ACD

はACを底辺として$\triangle$ACD$=\dfrac{1}{2}\times(9-3)\times(3+6)=\dfrac{1}{2}\times6\times9=27$

(4)　CDの中点をEとすればよい。E$\left(\dfrac{3-6}{2}, \dfrac{3+12}{2}\right)=E\left(-\dfrac{3}{2}, \dfrac{15}{2}\right)$

やや難 (5)　直線AEを$y=ex+f$とおくとAを通ることから$3e+f=9\cdots$③　　　Eを通ることから$-\dfrac{3}{2}e+f=$

$\dfrac{15}{2}\cdots$④　　③－④は$\dfrac{9}{2}e=\dfrac{3}{2}$　　$e=\dfrac{1}{3}$　　③に代入すると$1+f=9$　　$f=8$　　直線AEの式は

$y=\dfrac{1}{3}x+8$　　$\triangle$AED$=\triangle$AEFとなるときAEを底辺とすると2つの三角形は底辺が等しく面積も

等しい三角形なので，高さも等しくなる。AE//DF_1であれば，F$=F_1$は条件を満たす。AEと平行な

ことから，DF_1は$y=\dfrac{1}{3}x+g$とおけるが，Dを通ることから$\dfrac{1}{3}\times(-6)+g=12$　　$-2+g=12$

$g=14$　　直線DF_1は$y=\dfrac{1}{3}x+14$　　点F_1は②上の点でもあるので，$\dfrac{1}{3}x^2=\dfrac{1}{3}x+14$を解けば，$F_1$の

x座標が求まる。$x^2-x-42=0$　　$(x+6)(x-7)=$　　$x=-6, 7$　　$x=-6$はDのx座標なので，

F_1の$x=7$　　これは，DとFがAEに対して同じ側にあるときだが，DとFがAEに対して反対側にな

るときも考える必要がある。AEとDF_1の距離と等しく，AEと平行な直線をDF_1と反対側に作ると，

$y=\dfrac{1}{3}x+2$となる。この直線と②の交点のx座標は$\dfrac{1}{3}x^2=\dfrac{1}{3}x+2$を解けば求まる。$x^2-x+6=0$

$(x+2)(x-3)=0$　　$x=-2, 3$　　$x=3$は，Cと重なるので，$x=-2$　　したがって，$x=7, -2$

【5】（空間図形の計量，相似，三平方の定理）

(1)　DからAFに垂線をおろし，AFとの交点をRとする。DR//MAより$\triangle$FDR$\infty\triangle$FMA　　RD：
AM$=$RF：AF　　EF：AM$=$DE：AF　　6：AM$=6\sqrt{3}$：$10\sqrt{3}=3$：5　　AM$=10$

(2)　$\triangle$AMFについて三平方の定理によりMF$^2=$AM$^2+$AF$^2=10^2+(10\sqrt{3})^2=100+300=400$
$\triangle$FNLについて三平方の定理によりNF$^2=$NL$^2+$FL$^2=$MF$^2+$FL$^2=400+15^2=625$　　　NF$=25$

重要 (3)　四角錐P－FEKL$=$FEKL$\times$JK$\times\dfrac{1}{3}=6\times15\times6\sqrt{3}\times\dfrac{1}{3}=180\sqrt{3}$

(4)　$\triangle$PJ//FLより$\triangle$NPJ$\infty\triangle$NFL　　PJ：FL$=$NJ：NL$=$AR：AF$=2$：5　　PJ：15$=2$：5　　PJ$=6$

やや難 (5)　Qから面ABCDEFに垂線をおろして，交点をSとすると，SはAEとFMの交点である。Sを通り
AFに垂直な線をひき，AB，EFとの交点をX，Yとすると，求めるものはSXと等しくなる。AB//
FEより$\triangle$SAM$\infty\triangle$SEF　　SA：SE$=$AM：EF$=10$：$6=5$：3　　$\triangle$SAX$\infty\triangle$SEYでもあるので，
SX：SY$=$SA：SE$=5$：3　　SX$+$SY$=$AF$=10\sqrt{3}$なので，SX$=10\sqrt{3}\times\dfrac{5}{5+3}=\dfrac{25\sqrt{3}}{4}$

★ワンポイントアドバイス★

放物線と直線，相似や三平方の定理等，頻出単元からの出題になるが，基本的な理解だけでなく，応用問題に解きなれておく必要がある。過去問研究を通して，出題レベルを理解し，試験時間内に解き終えることのできるスピードも身につけておく必要がある。

＜英語解答＞

【1】 第1部 問1 (a) 問2 (b) 問3 (c) 問4 (b)
　　　第2部 問1 (d) 問2 (d)

【2】 (A) ウ　(B) ア　(C) イとエ　(D) ウ　(E) エ　(F) ハイタッチ
　　　(G) 彼はそのとき自ら信じられないようなプレーでヒーローになった。
　　　(H) ウ　(I) エ　(J) エ　(K) イ

【3】 1 エ　2 ア　3 イ　4 カ　5 オ

【4】 (A) （例） I believe that using money to buy magazines and books for the library
is better than using it to buy laptops for students. This is because many students
do not read enough today. If school libraries have more interesting things to read,
more students will visit.
　　　(B) (1) （例） What do you think of "Frozen 2"?
　　　(2) （例） How soon can you leave home?

【5】 (A) (1) イとウ　(2) イ　(3) アとイ
　　　(B) (1) those words, which do you like　(2) even people who don't know
much about golf　(3) that the media overseas first called her that

○配点○
【1】 各3点×6　【2】 (A)〜(F)・(H)〜(K) 各3点×10　(G) 4点　【3】 各3点×5
【4】 (A) 12点　(B) 各3点×2　【5】 (A) 各2点×3（各完答）　(B) 各3点×3
計100点

＜英語解説＞

【1】 リスニング問題解説省略。

【2】 （長文読解問題・物語文：語句補充，内容吟味，語彙，英文和訳，文補充）

（全訳）　特別支援が必要な子どもの学校のためのチャリティーディナーで，生徒の一人の父親が力強いスピーチをしました。学校とその素晴らしい教師に感謝した後，彼は叫びました，「私の息子シェイの完璧さはどこにありますか。神が行うことはすべて完璧に行われますが，私の子供は他の子供のように動き回ることはできません。私の子どもは彼らのように物事を理解することはできません。神の完璧さはどこにありますか。」

部屋の中の人はみんな(1)静かになりました。「私は信じています」と父親は答えました，「神がこのような子どもを世に連れて来るとき，彼が求める完璧さは，人々が子どもに反応する方法です。」それから彼は次の話をしました。

ある日，シェイと父親は公園を通り過ぎて歩いていました。そこでは，近隣から来た子たちで，シェイが知っている，何人かの少年たちがサッカーをしていました。シェイは「(2a)父さん，彼らはぼくを遊ばせてくれると思う？」と尋ねました。シェイの父親は，男の子のほとんどが彼らのチームでシェイと遊びたくないと思うだろうけど，(3)彼はとにかく尋ねることにしました。

シェイの父親はフィールド上の少年の一人のところに行き，「シェイもゲームに参加できる？」と尋ねました。驚くべきことに，少年は「ぼくたちはもう6点差で負けているし，試合はほぼ終わったよ。でも，もし彼がプレイしたいなら，ぼくのチームに入れるよ。」と言いました。父親はこれを聞いてとてもうれしく思い，彼がシェイに言ったとき，彼は息子からこれまでで最大の笑顔の一つを見ました。

　シェイはすぐにチームに参加したくて，フィールドに歩いて行くための最善の努力をしました。他の少年たちはシェイがどれほど幸せであるかを見て，彼のためにゲームを遅くすることに決めました。今，少年たちは一生懸命走る代わりに，フィールド中をジョギングしました。ボールを強く蹴る代わりに軽くパスを回し，シェイに渡しました。

　サイドラインの外側で，父親は小さな喜びの涙を目にしながら見守りました。シェイは他の男の子ほど速く走ったり，強く蹴ったりすることはできなかったし，(4)<u>どの方向へ走るか，誰にボールを蹴るかさえわかりませんでした</u>が，フィールドにいて自分の年齢の少年たちと遊んでいるだけで幸せでした。

　約10分後，シェイのチームは相手チームのゴール近くに来ていました。シェイのチームの他の子よりも優れた選手の一人が得点しようとしているように見えましたが，ちょうどそのとき，彼は止まりました。彼は振り向いてシェイを見つけ，優しくボールを渡しました。「シェイ，ゴールを蹴れ」と彼は叫びました。他のチームのすべての少年がこれを見て，彼らは自分がいた場所で(5)<u>止まっ</u>て，「君ならできるよ，(2b)<u>シェイ！</u>」と応援し始めました。

　最初，シェイは少し混乱しているように見えました。しかし，他の少年たちはゴールを指し示し始めました。この助けを借りて，シェイはゴールに向かい，ボールに彼の最高のキックを与えました。ボールがゆっくりと転がる間，相手チームの選手たちはそれを通り過ぎさせました。ゴールに近づくと，ゴールキーパーはそれに向かって動き，足を大きく開いて，ボールがその間を転がるようにさせませ。【エ】「ゴール」と他の少年たちは叫びました。

　シェイは自分が得点したことに気づき，驚きと喜びで飛び上がりました。すべての少年が彼に(6)<u>ハイタッチ</u>を与えて彼を祝うために，彼の方に走って来ました。(7)<u>彼は今，その驚くべきプレイによって英雄でした</u>。彼はその若い人生においてこれほどの誇りや興奮を感じたことはありませんでした。彼が父親を見ようと振り返ると，父親の顔に涙が見えたので，父親も彼を誇りに思っていることを知りました。

　「(8)<u>その日</u>」と父親はそっと言いました，「少年たちは彼らなりに神の完璧さに達したのです。」

(A)　父親は胸に迫る話を始めたために，人々は黙ってしまった。

 (B)　(2a)はシェイと共にいる人物なので，その父親，(2b)はゴールをするように言われた人物なので，シェイ。

(C)　アは，シェイにサッカーをさせたいと思う父親の気持ちに会わない。ウは文中のシェイの様子に合わない。イは anyway という言葉の意味を表しているので，正解。エは父親がシェイのために尋ねてみようと思った理由を表しているので，正解。

(D)　シェイはサッカーをした経験がないということから考える。

(E)　敵側の少年たちもシェイにゴールしてほしいと思ったことを表している。彼らはシェイの邪魔にならないようにするために，動くのを止めた。

(F)　high five とは「ハイタッチ」のことを表す。

(G)　hero は「英雄」，amazing は「驚くべき」という意味。

(H)　父親は，少年たちがシェイに対して神であるかのような対応をして日のことを話している。

(I)　シェイがゴールをした瞬間に発せられた言葉である。

(J)　父親は少年たちの行動に感動した話をしているので，エは不適切。

(K)　ア　「問題を抱える子供たちが優しく扱われる時，人間の完璧さが見られる。」　少年たちの行動について「神の完璧さ」と言っているので，適切。　イ　「チャリティー・イベントにいた多くの人々はシェイの父親のスピーチを楽しみにしていた。」　文中に書かれていない内容なので，不適切。　ウ　「子供たちはシェイとやりやすいようにプレイすることを決めたが，彼の父親はシ

ェイがゴールを決めたので幸せだった。」 プレイの様子や父親の様子を正しく表しているので，適切。 エ「ゴールをすることができた選手の一人は，シェイが喜ぶと思って，ボールをシェイに渡した。」 シェイのチームの他の子よりも優れた選手の一人は，ゴール近くでシェイにボールを渡したので，適切。

【3】 （長文読解問題・説明文：語句補充）

（全訳） 世界の人口が増えているため，私たちが将来どのようにして，誰にとっても十分な食料を作ったり育てたりできるかという方法について，人々は今考えています。[1]私たちは簡単に入手でき，また，生産できる他の食べ物を食べる必要があるかもしれません。例えば，世界で20億人の人々がすでに昆虫を食べていますが，家畜よりも生産しやすいので，より多くの人々が昆虫を食べ始めるかもしれません。[2]またそれらは，私たちに多くのエネルギーを与え，非常に健康的です。海の植物は，同じ理由で，将来的に人気のある食品になる可能性があります。

科学者たちは食べ物の新しい作り方も見ています。彼らは動物の細胞―動物の生きている最小の部分―から肉を成長させる方法を見つけました。これを行うために，科学者は動物から細胞を取り出し，実験室で肉に成長させます。一部の人々は，私たちは将来的にこのように肉を栽培する必要があると考えています。[3]もしそうなら，私たちはこれ以上家畜を飼う必要はありません。

一部の企業は現在，GM（遺伝子組み換え）作物を製造しています。遺伝子組み換え作物は，科学者が果物や野菜などの食品植物に他の種のDNAを追加してそれらを変えるときに作られます。[4]例えば，彼らは植物を大きく，より強く，そして成長しやすくすることができます。これらの遺伝子組み換えによる果物や野菜のいくつかは，雨がない場合でもよく成長することができ，他には病気に対して強いものもあります。このため，遺伝子組み換え作物は今後重要になると考える人もいます。

[5]しかし，多くの人々は，このように食べ物を変えることを心配しています。彼らは遺伝子組み換え作物の栽培は環境にダメージを与える可能性があると考えており，遺伝子組み換え作物を食べることは私たちの健康に悪いかもしれないと考えています。

【4】 （英作文問題）

（A）も（B）も，ある条件に従って英作する問題であるので，与えられたそれぞれの条件を理解することがまず重要である。（A）では自分の立場をはっきりさせて，その理由を具体的に説明する必要がある。（B）では与えられた単語を正しく使って，言いたいことを言い表す必要がある。いずれも，簡単なミスによって減点されないようにすることに注意して，わかりやすい文にするべきである。

【5】 （語句選択問題：名詞，疑問詞，関係代名詞）

（A） （1） 数えられるものを表す名詞は，冠詞をつけるか複数形にするかのいずれかが必要なので，アは不適切。 （2） who は誰であるかを尋ねる疑問詞である。アはそれに明確に答えていないので，不適切。また，ウは did とするべきところを broke にしているので，不適切。

（3） ウは woman と works が直接つながっているので，不適切。

（B） ジョン：ミキ，2019年の流行語大賞のノミネートリストに何があるか知っていますか。

ミキ ：ええ，いいまとめがあります。それには簡単な説明を備えたすべての単語が載っています。

ジョン：いいですね。(1)その言葉の中でどれが好きですか。

ミキ ：ええと。ゴルファーである渋野日向子さんのニックネームであるスマイリング・シンデレラですね。彼女は今年の全英オープンで優勝しました。

ジョン：それは，(2)ゴルフについてあまり知らない人たちでも最近よく話す女性ですね。

ミキ　：はい。彼女はその大会中に見せた微笑みによって，有名になり，人気が出ました。

ジョン：(3)海外のメディアが彼女のことを最初にそう呼んだのは面白いですし，今ではそのニックネームによって日本でも認知されています。

ミキ　：そうです。ノミネートされる言葉はふつう日本で始まりますが，これは違っていますね。

(1)　〈of ～〉は「～の中で」という意味を表す。

重要　(2)　関係代名詞の who を使って，don't know much about golf という部分が people を修飾するようにさせる。

(3)　〈it is ～ that …〉で「…は～である」という意味になる。また，〈call A B〉で「AをBと呼ぶ」という意味を表す。

―★ワンポイントアドバイス★―

【5】の(B)にはSVOCが使われているが，この文型の文を受動態にする方法を覚えておこう。SVOCのSVOの部分だけを使って受動態にして，Cはそのまま置けばよい。
(例) He calls me Mike. → I am called Mike by him.

＜国語解答＞

【一】　問一　A　衰弱　　B　披露宴　　C　迷惑　　D　掲載　　問二　a　か　　b　けつじょ　　c　きち　　問三　A　ウ　　B　ア　　C　エ　　問四　抽象的　　問五　《Ⅱ》
問六　（例）　対象についての知識がない(かもしれない)ということと，その知識がない対象について評価，判断を下す力がない(かもしれない)こと。　　問七　ウ
問八　（例）　その人のことをテレビなどを通してよく知っている気になっているので，触れたことのない分野についての批評に比べると内容がわからないと感じなくてすむから。　　問九　ア

【二】　問一　A　迎　　B　縁側　　C　膝[脹]　　問二　a　けんちょ　　b　はさ　　c　まぎ
問三　（例）　ばあちゃんの認知症のことは，一応理解しながらも，もしかしたらという期待を込めてばあちゃんに声をかけてみたが，やはり自分のことを覚えておらず，自分の存在自体を否定されたようなさびしさ。　　問四　イ　　問五　エ　　問六　座敷童
問七　Ⅰ　イ　　Ⅱ　エ　　Ⅲ　ア　　Ⅳ　ウ　　問八　エ　　問九　ウ

【三】　問一　エ　　問二　ア　　問三　わずらいて　　問四　（例）　強盗を転倒させよう[転ばせよう]と考えたから。　　問五　係り結び　　問六　イ

○配点○
【一】　問二　各1点×3　　問五・問七　各3点×2　　問六　8点　　問八　10点　　問九　4点
他　各2点×8　　【二】　問二　各1点×3　　問三　10点　　問五・問八　各3点×2
問七・問九　各4点×2(問七完答)　　他　各2点×5　　【三】　問一・問六　各3点×2
問四　4点　　他　各2点×3　　計100点

＜国語解説＞

【一】（論説文―漢字の読み書き，空欄補充，対義語，内容理解，指示語，要旨）

問一　Ａ「衰弱」は，おとろえ弱ること。　Ｂ「披露宴」の「披」と，「被害」の「被」，「彼岸」の「彼」を区別しておくこと。　Ｃ「迷惑」は，他人からやっかいな目にあわされて困ること。Ｄ「掲載」は，新聞や雑誌などに文章や絵，写真などをのせること。

問二　ａ「兼ねる」は，一つで二つ以上の用をする，という意味。　ｂ「欠如」は，欠けていること。　ｃ「既知」は，すでに知っていること。

基本 問三　Ａ「いかに」は，あとに仮定の言い方を伴って，極端な場合を想定してもそうはいかない，という意味を表す。　Ｂ「あたかも」は，まるで，という意味。　Ｃ「きわめて」は，この上なく，という意味。

問四　「具体的⇔抽象的」は，論説文を読むうえで覚えておくべき重要な対義語である。

問五　「文学青年」という言葉に注目して，あてはまる箇所を考える。

問六　二つ前の段落の「対象がはっきりしていないのに，それについての意見がのべられれば，不案内な人間にはさっぱりわからなくなる」という内容をふまえて解答をまとめる。

問七　直前の段落の「いまでは主客転倒，写真が主体である」「ことばは，具体的，あまりにも，具体的になってしまった」という内容からとらえる。

やや難 問八　「会ったことのない人間でも，……旧知のようになること，さきのテレビタレントのごとくである」「未知なことが重なっているという思いはしない」などの部分に注目して，解答をまとめる。

重要 問九　「批評がおもしろいという人がふえないと，教育は人間らしい人間を育てているとは言えないだろう」「文化に対する広い関心をもち，新しい世界への好奇心をいだくのでなければ，教養のある人間とはいえない」などの内容がアに合致している。

【二】（小説―漢字の読み書き，心情理解，空欄補充，内容理解）

問一　Ａ「迎」の「卬」の部分を「卯」としないように注意。　Ｂ「縁側」の「縁」と，「緑」「線」を区別しておくこと。　Ｃ「膨れる」はここでは，不平・不満を顔に表す様子。

問二　ａ「顕著」は，きわだって目につくこと。　ｂ「口を挟む」は，話に割り込むこと。ｃ「気を紛らわせる」は，他のものに心を移して気分をそらすこと。

やや難 問三　「敗北感」は，負けたような気がするということ。人生は，ばあちゃんが認知症であるとわかっていても，「ばあちゃんに会うことだけを頼りにここまでやってきて，ようやく会えた」ことから，ばあちゃんが人生のことを家族として認識してくれるのではないかというかすかな期待をもっていた。しかし，ばあちゃんから「お客さま」としてとらえられ，自分の存在が否定されたかのような敗北感を感じたのである。

問四　「決まりが悪い」は，面目が立たない，また，何となく恥かしいこと。

基本 問五　Ａ「ぎょっと」は驚いた様子，Ｂ「あたふたと」は慌てた様子，Ｃ「むっと」は怒りを不機嫌に押さえ込んでいる様子。

問六　「少女」について書かれている部分からとらえる。

問七　Ⅰ～Ⅳはどれも，ばあちゃんの言葉である。空欄の前後の言葉に注意しながら適切な箇所を考える。

問八　「またお客さま呼ばわりされてしまった」「おれ，ばあちゃんの孫なんですけど」などから，人生の気持ちを読み取る。

重要 問九　「中村，と名乗るのを聞いて，人生は，はっとした。ばあちゃんと同じ苗字。そして，自分の以前の苗字――父親の苗字だった」という部分が，ウに合致する。

【三】 （古文—口語訳，主語，歴史的仮名遣い，内容理解，係り結び）

　　〈口語訳〉 縫殿頭の信安という人がいた。世間に強盗が横行していたころ，自分の家にも(強盗が)来ることもあるかもしれないと思い，強盗を滑って転ばせるように，日が暮れると，家に竹筒をまき散らして，朝はそれを片付けるようにしていた。ある夜，出入りしている公卿の家の近くで，火事があり，急いで駆けつけようとして，その竹筒に滑って転んでしまった。腰を打って，歳をとっていて，けががひどく，何日かしてかろうじてよくなった。(強盗を防ぐために)万全に準備したのに，自分が被害を受けたのはおもしろいことだ。

　　問一　「はやる」は，流行する，という意味。

基本　問二　滑って転んでしまったのは信安。

　　問三　語頭と助詞以外の「は・ひ・ふ・へ・ほ」は「わ・い・う・え・お」に直す。

　　問四　「もし家さがさるる事もぞあるとて，……小竹のよをおほくちらしをきて」という部分からとらえる。

　　問五　文末が「をかしけれ」(已然形)となっていることに注意。係り結びでは，係助詞「こそ」が用いられるときは，文末を已然形で結ぶ。係助詞「ぞ」「なむ」「や」「か」が用いられるときは，文末を連体形で結ぶ。

重要　問六　問二，問四でとらえた内容をふまえると，イが正しい。

> ─── ★ワンポイントアドバイス★ ───
>
> 読解問題の選択肢問題に細かい読み取りが必要とされる。記述問題も4問出題されている。対義語などの語句，係り結びなど古典の知識なども出題されている。ふだんからいろいろな問題にあたり，基礎力を保持しておこう！

大切なことはメモしておこうネ!

解答用紙集

〇月×日△曜日　天気（合格日和）

◆ご利用のみなさまへ
＊解答用紙の公表を行っていない学校につきましては、弊社の責任に
　おいて、解答用紙を制作いたしました。
＊編集上の理由により一部縮小掲載した解答用紙がございます。
＊編集上の理由により一部実物と異なる形式の解答用紙がございます。

人間の最も偉大な力とは、その一番の弱点を克服したところから
生まれてくるものである。──カール・ヒルティ──

東京学参株式会社

※ 137%に拡大していただくと，解答欄は実物大になります。

【1】

(1)	
(2)	
(3)	
(4)	
(5)	
(6)	
(7)	

【2】

(1)	
(2)	

【3】

(1)	
(2)	
(3)	
(4)	

【4】

(1)	
(2)	
(3)	
(4)	
(5)	

【5】

(1)	
(2)	
(3)	
(4)	
(5)	

※ 137％に拡大していただくと，解答欄は実物大になります。

【　1　】

［第1部］

問1 ＿＿＿＿＿＿　問2 ＿＿＿＿＿＿　問3 ＿＿＿＿＿＿　問4 ＿＿＿＿＿＿

［第2部］

問1 ＿＿＿＿＿＿　問2 ＿＿＿＿＿＿

【　2　】

(A)　＿＿＿＿→＿＿＿＿→＿＿＿＿

(B)　＿＿＿＿＿＿＿＿＿＿＿＿＿＿＿＿＿＿＿＿＿＿＿＿＿＿＿＿＿＿＿＿＿＿＿＿

(C)　＿＿＿＿＿＿＿＿＿＿＿

(D)　(4a)＿＿＿＿＿＿＿＿＿＿　　(4b)＿＿＿＿＿＿＿＿＿＿＿

(E)　＿＿＿＿＿＿＿＿＿＿＿＿＿＿＿＿

(F)　＿＿＿＿＿＿＿

(G)　＿＿＿＿＿＿＿＿＿＿＿＿＿＿＿＿

(H)　＿＿＿＿＿＿＿

【　3　】

(A)　＿＿＿＿＿＿

(B)　＿＿＿＿＿＿

(C)　＿＿＿＿＿＿

(D)　＿＿＿＿→＿＿＿＿→＿＿＿＿→＿＿＿＿
　　　(4a)　　(4b)　　(4c)　　(4d)

◇英語◇

【 4 】

問 1 _____

問 2 _____

問 3 _____

問 4 _____

【 5 】

設問 A

(1) _____

(2) _____

(3) _____

設問 B

(1) _____

(2) _____

(3) _____

設問 C

(1) _____•_____

(2) _____•_____

(3) _____•_____

設問 D

(1) _____

(2) _____

(3) _____

◇国語◇　　　　　　明法高等学校　２０２４年度

【一】

問一　A　　　　　　B　　　　　C　　　　　D

問二　a　　　　　　b　　　　　c

問三　ⅰ　　　　ⅱ　　　　ⅲ

問四　□

問五

問六　□　　　　　　　問七　□

問八　X　　　Y　　　　問九　□

【二】

問一　A　　　　　B　　　　C

問二　a　　　　　b　　　　c

問三　Ⅰ　　　Ⅱ　　　Ⅲ　　　Ⅳ

問四　□

問五　X　　　Y

問六　□

問七

問八

問九　□

【三】

問一　□　　　　　問二　□

問三

問四

問五　□

※ 137％に拡大していただくと，解答欄は実物大になります。

【1】

(1)	
(2)	
(3)	
(4)	
(5)	
(6)	
(7)	

【2】

(1)	
(2)	

【3】

(1)	
(2)	
(3)	
(4)	

【4】

(1)	
(2)	
(3)	
(4)	
(5)	

【5】

(1)	
(2)	
(3)	
(4)	
(5)	

※ 137%に拡大していただくと，解答欄は実物大になります。

【　1　】

［第1部］

問1 ＿＿＿＿＿　問2 ＿＿＿＿＿　問3 ＿＿＿＿＿　問4 ＿＿＿＿＿

［第2部］

問1 ＿＿＿＿＿　問2 ＿＿＿＿＿

【　2　】

(A) ＿＿＿＿＿＿＿＿＿＿＿＿＿＿＿＿＿＿＿＿＿＿＿＿＿＿＿＿＿＿＿＿＿

(B) ＿＿＿＿＿＿

(C) ＿＿＿＿＿＿＿＿＿＿＿＿＿＿＿＿＿＿＿＿＿＿＿＿＿＿＿＿＿＿＿＿＿

(D) ＿＿＿＿＿＿

(E) ＿＿＿＿＿＿

(F) ＿＿＿＿＿＿

(G) ＿＿＿＿＿＿＿＿＿

(H) ＿＿＿＿＿＿

(I) ＿＿＿＿＿＿＿＿＿＿＿＿＿＿＿＿＿＿＿＿＿＿＿＿＿＿＿＿＿＿＿＿？

(J) ＿＿＿＿＿＿

【　3　】

(A) ＿＿＿＿＿＿

(B) ＿＿＿＿＿＿

(C) ＿＿＿＿＿＿

(D) ＿＿＿＿＿＿

【 4 】

_____

_____

_____

_____

_____

_____

【 5 】

設問 A

(1) _____

(2) _____

設問 B

(1) _____

(2) _____

(3) _____

設問 C

(1) _____ _____

(2) _____ _____

(3) _____ _____

設問 D

(1) _____

(2) _____

(3) _____

◇国語◇　　　明法高等学校　２０２３年度

※１３７％に拡大していただくと、解答欄は実物大になります。

【一】

問一 | A |　　　　| B |　　　　| C |　　　　| D |

問二 | a |　　　　| b |　　　　| c |

問三 | i |　　| ii |　　| iii |

問四 |　　　　|　　問五 |　　　|　　　|

問六

問七 |　　　　|　　問八 |　　　　|

問九 |　　　　|　　問十 |　　　　|

【二】

問一 | A |　　　　| B |　　　　| C |

問二 | a |　　　　| b |　　　　| c |

問三 |　　　　|　　問四 |　|　|　|　|

問五 |　　　　|　　問六 | I |　　| II |　　| III |　　| IV |

問七 (1) |　　　　|

(2)

問八 |　　　　|

【三】

問一

問二

問三

問四 |　　　　|　　問五 |　　　　|　　問六 |　　　　|

A63-2023-4

※ 137％に拡大していただくと，解答欄は実物大になります。

【1】

(1)	
(2)	
(3)	
(4)	
(5)	
(6)	
(7)	

【4】

(1)	
(2)	
(3)	
(4)	
(5)	

【2】

(1)	
(2)	

【5】

(1)	
(2)	
(3)	
(4)	
(5)	

【3】

(1)	
(2)	
(3)	

※ 137%に拡大していただくと，解答欄は実物大になります。

【　1　】

［第1部］

問1 ＿＿＿＿＿　問2 ＿＿＿＿＿　問3 ＿＿＿＿＿　問4 ＿＿＿＿＿

［第2部］

問1 ＿＿＿＿＿　問2 ＿＿＿＿＿

【　2　】

(A) ＿＿＿＿＿＿＿＿＿＿＿＿＿＿＿＿＿＿＿＿＿＿＿＿＿

(B) ＿＿＿＿＿

(C) ＿＿＿＿＿＿＿＿＿＿＿＿＿＿＿＿＿＿＿＿＿＿＿＿＿＿＿＿

(D) ＿＿＿＿＿

(E) ＿＿＿＿＿

(F) ＿＿＿＿＿＿＿

(G) ＿＿＿＿＿

(H) ＿＿＿＿＿

(I) ＿＿＿＿＿

(J) ＿＿＿＿＿

【　3　】

(A) ＿＿＿＿＿

(B) ＿＿＿＿＿

(C) ＿＿＿＿＿

(D) ＿＿＿＿＿

【 4 】

_____

_____

_____

_____

_____

_____

【 5 】

設問 A

(1) _____

(2) _____

設問 B

(1) _____

(2) _____

(3) _____

設問 C

(1) _____ _____

(2) _____ _____

(3) _____ _____

設問 D

(1) _____

(2) _____

(3) _____

◇国語◇

明法高等学校　２０２２年度

※１３７％に拡大していただくと、解答欄は実物大になります。

【一】

問一　A　　　　　B　　　　　C　　　　　D

問二　a　　　　　b　　　　　c

問三

問四　I　　　II　　　III　　　　問五

問六

問七

問八　　　　　問九

【二】

問一　A　　　　　B　　　　　C

問二　a　　　　　b　　　　　c

問三　I　　　II　　　III　　　IV

問四　　　　　問五

問六

問七

問八

問九

【三】

問一　　　　　問二

問三

問四

問五　　　　　問六

A63-2022-4

※ 139%に拡大していただくと，解答欄は実物大になります。

【1】

(1)	
(2)	
(3)	
(4)	
(5)	
(6)	
(7)	
(8)	
(9)	
(10)	
(11)	
(12)	

【3】

(1)	
(2)	
(3)	
(4)	

【4】

(1)	
(2)	
(3)	
(4)	
(5)	

【2】

(1)	
(2)	

※ 135％に拡大していただくと，解答欄は実物大になります。

【　1　】

[第1部]

問1 ＿＿＿＿＿＿　問2 ＿＿＿＿＿＿　問3 ＿＿＿＿＿＿　問4 ＿＿＿＿＿＿

[第2部]

問1 ＿＿＿＿＿＿　問2 ＿＿＿＿＿＿＿＿＿＿
　　　　　　　　　　　※ 2つある場合、(a) と (b) のように答える。

【　2　】

(A) ＿＿＿＿＿＿＿＿＿＿＿

(B) ＿,＿,＿,＿,＿,＿
　　※ 5文字（日本語）

(C) ＿＿＿＿＿＿

(D) ＿＿＿＿＿＿＿＿
　　※ 2つある場合、ア と イ のように答える。

(E) ＿＿＿＿＿

(F) ＿＿＿＿＿

(G) ＿＿＿

(H) ＿＿＿＿＿

(I) ＿＿＿＿＿＿＿
　　※ 2つある場合、ア と イ のように答える。

(J) ＿＿＿＿＿

(K) ＿＿＿＿＿

【　3　】

(1)　1 ＿＿＿＿　2 ＿＿＿＿　3 ＿＿＿＿

(2)　＿＿＿＿＿＿

【 4 】

(A)

_____

_____

_____

_____

_____

_____

(B)

(1) _____ to the U.S.?

Yes, I have. I _____ to New York last year.

(2) I'm reading an _____ in English. There're ...

【 5 】

(A)

(1) _____

(2) _____

(3) _____

(B)

(1) _____ ?

(2) There are more _____ who want...

(3) ... that _____ are usually ...

※１４３％に拡大していただくと、解答欄は実物大になります。

【一】

問一　A　　　　　　　　B　　　　　　　　C

問二　a　　　　　　　　b　　　　　　　　c

問三　I　　　　　II　　　　　III　　　　　IV

問四　□

問五　

問六　　　句切れ

問七　

問八　□　　　　　　　問九　□

【二】

問一　A　　　　　　　B　　　　　　C　　　　　　D

問二　a　　　　　　　b　　　　　　c

問三　i　　　　ii　　　　iii

問四　I　　　　II　　　　III　　　　IV　　　　問五　□

問六　

問七　

問八　□　　　　　　　問九　□

【三】

問一　　　　　　　　　　　　　　問二　□

問三　

問四　□　　　　　　　問五　

問六　□

※135%に拡大していただくと，解答欄は実物大になります。

【1】

(1)	
(2)	
(3)	
(4)	
(5)	
(6)	
(7)	

【2】

(1)	
(2)	

【3】

(1)	
(2)	
(3)	
(4)	

【4】

(1)	
(2)	
(3)	
(4)	
(5)	

【5】

(1)	
(2)	
(3)	
(4)	
(5)	

※136％に拡大していただくと，解答欄は実物大になります。

【　1　】

［第1部］

問1 ＿＿＿＿＿＿　問2 ＿＿＿＿＿＿　問3 ＿＿＿＿＿＿　問4 ＿＿＿＿＿＿

［第2部］

問1 ＿＿＿＿＿＿　問2 ＿＿＿＿＿＿

【　2　】

(A)　＿＿＿＿＿＿

(B)　＿＿＿＿＿＿

(C)　＿＿＿＿＿＿＿＿＿＿
　　※ 3つある場合、アとイとウ のように答える。

(D)　＿＿＿＿＿＿

(E)　＿＿＿＿＿＿

(F)　.　.　.　.　.　.
　　※ カタカナ 5 文字

(G)　＿＿＿＿＿＿＿＿＿＿＿＿＿＿＿＿＿＿＿＿＿＿＿＿＿

(H)　＿＿＿＿＿＿

(I)　＿＿＿＿＿＿

(J)　＿＿＿＿＿＿

(K)　＿＿＿＿＿＿

【　3　】

1 ＿＿＿　2 ＿＿＿　3 ＿＿＿　4 ＿＿＿　5 ＿＿＿

【 4 】

(A)
_____
_____
_____
_____
_____
_____

(B)
(1) _____ ?

(2) _____ ?

【 5 】

(A)
※ 2つある場合、ア と イ のように答える。
(1) _____

(2) _____

(3) _____

(B)
(1) Of _____ ?

(2) ... the girl _____ talk ...

(3) ... interesting _____ , and ...

◇国語◇　　　明法高等学校　２０２０年度

※１６２％に拡大していただくと、解答欄は実物大になります。

【一】

問一　A　　　　B　　　　C　　　　D

問二　a　　　　b　　　　c

問三　A　　　B　　　C

問四　　　　　　　問五

問六

問七

問八

問九

【二】

問一　A　　　　B　　　　C

問二　a　　　　b　　　　c

問三

問四　　　　　　　問五

問六

問七　I　　　II　　　III　　　IV

問八　　　　　　　問九

【三】

問一　　　　　　　問二

問三

問四

問五　　　　　　　問六

A63-2020-4

東京学参の
高校別入試過去問題シリーズ

*出版校は一部変更することがあります。一覧にない学校はお問い合わせください。

高校入試特訓問題集シリーズ

● 英語長文難関攻略33選(改訂版)
● 英語長文テーマ別難関攻略30選
● 英文法難関攻略20選
● 英語難関徹底攻略33選
● 古文完全攻略63選(改訂版)
● 国語融合問題完全攻略30選
● 国語長文難関徹底攻略30選
● 国語知識問題完全攻略13選
● 数学の図形と関数・グラフの融合問題完全攻略272選
● 数学難関徹底攻略700選
● 数学の難問80選
● 数学 思考力―規則性とデータの分析と活用―

都道府県別公立高校入試過去問シリーズ

● 全国47都道府県別に出版
● 最近数年間の検査問題収録
● リスニングテスト音声対応

公立高校入試対策問題集シリーズ

● 目標得点別・公立入試の数学(基礎編)
● 実戦問題演習・公立入試の数学(実力錬成編)
● 実戦問題演習・公立入試の英語(基礎編・実力錬成編)
● 形式別演習・公立入試の国語
● 実戦問題演習・公立入試の理科
● 実戦問題演習・公立入試の社会

2404A

〈ダウンロードコンテンツについて〉

　本問題集のダウンロードコンテンツ、弊社ホームページで配信しております。現在ご利用いただけるのは「2025年度受験用」に対応したもので、**2025年3月末日**までダウンロード可能です。弊社ホームページにアクセスの上、ご利用ください。

※配信期間が終了いたしますと、ご利用いただけませんのでご了承ください。

高校別入試過去問題シリーズ

明法高等学校　2025年度

ISBN978-4-8141-2944-7

[発行所] 東京学参株式会社
　　　　〒153-0043　東京都目黒区東山2-6-4

書籍の内容についてのお問い合わせは右のQRコードから　⇒　

※書籍の内容についてのお電話でのお問い合わせ、本書の内容を超えたご質問には対応
　できませんのでご了承ください。

2024年5月13日　初版